Hospitalidade e interculturalidade

ADMINISTRAÇÃO REGIONAL DO SENAC NO ESTADO DE SÃO PAULO

Presidente do Conselho Regional
Abram Szajman

Diretor do Departamento Regional
Luiz Francisco de A. Salgado

Superintendente Universitário e de Desenvolvimento
Luiz Carlos Dourado

EDITORA SENAC SÃO PAULO

Conselho Editorial
Luiz Francisco de A. Salgado
Luiz Carlos Dourado
Darcio Sayad Maia
Lucila Mara Sbrana Sciotti
Luís Américo Tousi Botelho

Gerente/Publisher
Luís Américo Tousi Botelho

Coordenação Editorial
Verônica Pirani de Oliveira

Prospecção
Andreza Fernandes dos Passos de Paula
Dolores Crisci Manzano
Paloma Marques Santos

Administrativo
Marina P. Alves

Comercial
Aldair Novais Pereira

Comunicação e Eventos
Tania Mayumi Doyama Natal

Edição e Preparação de Texto
Caique Zen Osaka

Coordenação de Revisão de Texto
Marcelo Nardeli

Revisão de Texto
Mariana Jamas

Coordenação de Arte, Projeto Gráfico e Capa
Antonio Carlos De Angelis

Editoração Eletrônica
Sandra Regina Santana

Imagens
Adobe Stock

Impressão e Acabamento
Maistype

Proibida a reprodução sem autorização expressa.
Todos os direitos desta edição reservados à

Editora Senac São Paulo
Av. Engenheiro Eusébio Stevaux, 823 – Prédio Editora – Jurubatuba
CEP 04696-000 – São Paulo – SP
Tel. (11) 2187-4450
editora@sp.senac.br
https://www.editorasenacsp.com.br

© Editora Senac São Paulo, 2024

Dados Internacionais de Catalogação na Publicação (CIP)
(Simone M. P. Vieira – CRB 8ª/4771)

Dias, Sandro
    Hospitalidade e interculturalidade / Sandro Dias. – São Paulo : Editora Senac São Paulo, 2024.

    Bibliografia.
    ISBN 978-85-396-4401-8 (Impresso/2024)
    e-ISBN 978-85-396-4400-1 (ePub/2024)
    e-ISBN 978-85-396-4399-8 (PDF/2024)

    1. História da hospitalidade   2. Hospitalidade: estudos contemporâneos   3. Inovação em hospitalidade   4. Hospitalidade e cultura   I. Título.

24-2223r   CDD – 647.94
                                                  BISAC SOC008000

Índice para catálogo sistemático:
    1. Hospitalidade   647.94

Sandro Dias

Hospitalidade e interculturalidade

Editora Senac São Paulo – São Paulo – 2024

Sumário

Apresentação | 7

Hospitalidade: conceitos introdutórios | 9

O mito da hospitalidade | 13
Teoria da dádiva e criação de vínculos | 16
Teoria do dom e o legado de Marcel Mauss | 18
Arrematando as ideias | 20
Referências | 21

História da hospitalidade | 23

A téssera da hospitalidade no mundo antigo | 27
A função social dos banquetes antigos e medievais | 29
Democracia e direitos humanos | 31
Arrematando as ideias | 33
Referências | 34

A hospitalidade no mundo moderno | 35

O nascimento da etiqueta e o processo civilizador | 37
A sociedade de corte e o homem cortês | 38
Etiqueta e hospitalidade no Oriente | 43
O gosto burguês e o *grand tour* | 49
Arrematando as ideias | 51
Referências | 52

Comensalidade e hospitalidade | 53

Do cafezinho aos encontros diplomáticos | 54
O nascimento da gastronomia moderna | 61
A invenção do restaurante: espaço privilegiado da comensalidade | 66
Comensalidade contemporânea e os paradoxos da hospitalidade | 69
Arrematando as ideias | 72
Referências | 72

Espaços da hospitalidade | 75

Das musas aos museus: hospitalidade e patrimônio cultural | 77
Galerias de arte, museus e centros culturais como espaços de sociabilidade | 83
Cultura digital, metaverso, IA e ciberespaços de hospitalidade | 87
Arrematando as ideias | 91
Referências | 91

Hospitalidade privada e hospitalidade pública | 93

Cidades modernas: do acolhimento à exclusão | 94
Aporofobia e arquitetura hostil | 98
Comunalidade e hospitalidade | 101
Arrematando as ideias | 104
Referências | 105

Estudos contemporâneos de hospitalidade | 107

Emmanuel Lévinas: a hospitalidade como ética do cuidado | 111
Hospitalidade na escola francesa, estadunidense e britânica | 113
Estudos brasileiros de hospitalidade | 116
Arrematando as ideias | 118
Referências | 118

Preconceito: um obstáculo à hospitalidade | 121

Preconceito: uma construção histórica | 122
Mundos plurais: etnicidades e indivíduos racializados | 128
Diversidade, inclusão e equidade | 132
Arrematando as ideias | 135
Referências | 136

Ideias para uma hospitalidade planetária | 137

Hospitalidade planetária e seus desafios | 140
Filosofias do bem-viver | 147
Arrematando as ideias | 151
Referências | 152

Apresentação

"O inferno são os outros": talvez você conheça essa famosa frase, dita por uma das personagens da peça *Entre quatro paredes* (1945), de Jean-Paul Sartre. A frase é também o título de uma música dos Titãs que sentencia em um de seus versos: "o paraíso é para todos".

Apesar de todos os desencontros e individualismo da vida moderna ("o inferno são os outros"), o que faz as pessoas agirem com altruísmo, genuinamente preocupadas com o bem-estar do outro ("o paraíso é para todos")?

Para se contrapor à sociedade da performance, que tem o desempenho individual como principal objetivo, é imperativo considerar o outro, a coletividade, a alteridade. A hospitalidade, nesse sentido, nunca foi tão necessária. Diante de preconceitos e conflitos de toda ordem, a hospitalidade é uma ferramenta extraordinária para pensarmos a vida em sociedade. Foi ela, afinal, que nos trouxe até aqui. Sem a hospitalidade, não conseguiríamos nos organizar em grupos: não sairíamos das cavernas, talvez nem chegássemos a habitá-las, não sobreviveríamos nas florestas ou no deserto, não teríamos histórias para contar e provavelmente nem o que comer ao redor do fogo.

Graças à hospitalidade nos identificamos culturalmente, nos enraizamos, criamos coisas, temos novas ideias, produzimos arte e expressamos nossas emoções. Sem hospitalidade, seria improvável que houvesse civilização, que nos encontrássemos com novos mundos ou desfrutássemos de viagens turísticas.

Mas o que é hospitalidade? Neste livro, em vez de fornecer respostas prontas, preferimos colocar a hospitalidade em questão, acentuando a relevância das relações, porque a elas devemos a nossa humanidade. Não somos hospitaleiros porque somos humanos, mas nos humanizamos por meio do exercício da hospitalidade. E é essa capacidade que, no campo profissional, se manifesta na prestação de serviços de excelência, que proporcionam experiências memoráveis, ou em projetos inovadores e desenvolvidos coletivamente.

Hospitalidade, como veremos, é também um termo ambíguo, tendo em vista a raiz comum que compartilha com a palavra "hostilidade". *Hospes* (acolhimento, amabilidade, afabilidade, cortesia, gentileza) e *hostis* (hostilidade, estraneidade, inimizade) são as duas faces da hospitalidade.

Neste livro, ao longo de nove capítulos, vamos estudar a hospitalidade, refletindo sobre sua importância no mundo contemporâneo e sobre o que move as pessoas a uma atitude não só altruísta mas também engajada. Para isso, abordaremos alguns conceitos de hospitalidade e sua história nas relações humanas por meio de exemplos de diferentes tempos e espaços, conhecendo a importância dos ritos e símbolos de acolhimento em diferentes cenários culturais. Também apresentaremos a hospitalidade como uma ética que dialoga com questões fundamentais de diversidade, inclusão e equidade.

Fundamentalmente, o que desejamos com esta obra é mostrar a incrível jornada da hospitalidade na história – a hospitalidade que nos humanizou e nos trouxe até aqui, preparando-nos para encarar, com habilidade e elegância, os desafios que devemos superar se quisermos construir um mundo melhor.

Boa leitura!

CAPÍTULO 1

Hospitalidade: conceitos introdutórios

"O beijo", pintura rupestre do Parque Nacional Serra da Capivara.

Essa imagem é, possivelmente, a mais antiga representação em arte rupestre de um beijo entre duas pessoas. Ela está inscrita numa rocha do Parque Nacional Serra da Capivara, localizado no semiárido nordestino, no estado do Piauí. O parque é considerado patrimônio mundial pela Organização das Nações Unidas para a Educação, a Ciência e a Cultura (Unesco) e é tombado pelo Instituto do Patrimônio Histórico e Artístico Nacional (Iphan). Há cerca de quatrocentos sítios arqueológicos na região, com datações que podem chegar a 43 mil anos. Nesses sítios, encontramos cenas representativas de grupos sociais organizados e agindo em colaboração.

Você consegue imaginar o contexto de uma pintura como a do beijo, feita na Pré-História? Por que alguém decidiu representar essa cena de carinho?

Turistas em visitação noturna ao Boqueirão da Pedra Furada, no Parque Nacional Serra da Capivara.

Já no Paleolítico, quando os seres humanos eram nômades que passavam a maior parte do tempo coletando alimentos (sementes, raízes, pequenos animais) e zelando por sua sobrevivência, a hospitalidade era um instrumento coletivo poderoso para enfrentar os desafios cotidianos. Sem o reconhecimento do outro e a colaboração mútua, não conseguiríamos lidar com o fogo, cozinhar, desenvolver a agricultura ou formar as primeiras cidades.

Mas o que é hospitalidade? Como ela nos trouxe até aqui? Como nos humanizamos por meio de experiências hospitaleiras? A hospitalidade pode ser uma ferramenta que valoriza e facilita as relações sociais para construir um mundo melhor?

Na contemporaneidade, a sensação de conforto e proteção que muitos de nós experimentamos pode levar a crer que, individualmente, temos tudo o que precisamos para uma vida saudável e segura, além de prazerosa – e tudo isso ao alcance de um clique. Para nós, que participamos ativamente da sociedade de consumo, essas facilidades podem dar a impressão de que não precisamos de mais ninguém. Ledo engano...

Já somos 8 bilhões de pessoas, e novos desafios se descortinam: colapso ambiental, guerras, ameaças tecnológicas, pandemias e problemas de saúde mental. O mundo parece mais acelerado, mais conectado, e por isso mesmo ainda mais interdependente. Apesar das aparentes facilidades, diariamente enfrentamos situações complexas que nos lembram que a sobrevivência depende do espírito de cooperação.

O modo como nos conectamos para realizar coisas grandiosas mostra que, apesar das muitas mudanças ao longo da história, uma coisa talvez permaneça intacta: a necessidade de ser cuidado e reconhecido como pertencente a um grupo. Somos seres gregários, políticos, sociais. Criar vínculos com as outras pessoas é parte da nossa essência. Observamos isso em nosso dia a dia, nas relações interpessoais, nos eventos corporativos e até nos eventos diplomáticos e geopolíticos.

Neste primeiro capítulo, você vai conhecer alguns mitos sobre a origem da hospitalidade e descobrir o que podemos aprender com essas histórias. Os mitos mostram que as relações hospitaleiras fazem parte da nossa vida há muito tempo, fortalecendo os laços humanos e consagrando uma espécie de ética do acolhimento. Essa ética permitiu que os seres humanos, em diferentes épocas, pudessem amparar até mesmo uma pessoa completamente desconhecida.

Você também vai conhecer a teoria antropológica da dádiva e do dom, que nos ajudará a pensar o que move as pessoas a adotar uma atitude altruísta. Pois é essa atitude, como veremos, que possibilita a criação de vínculos desprovidos de interesse, para além de uma racionalidade que nos empurraria a um utilitarismo egoísta ou à mera busca de vantagens econômicas.

O MITO DA HOSPITALIDADE

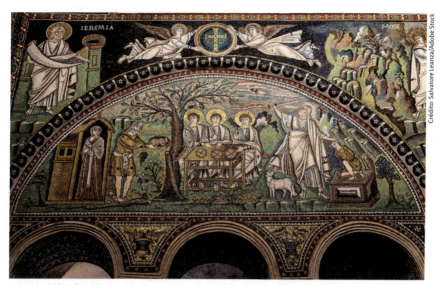

Interior da basílica de San Vitale, em Ravenna, Itália. A cena do mosaico faz referência à hospitalidade de Abraão ao receber estranhos e à sua fidelidade (e hospitalidade) em relação a Deus.

Em sua origem, todas as culturas têm suas características mais abrangentes alicerçadas na tradição oral. Dentro dessa tradição, é comum encontrar narrativas heroicas que comportam certo ensinamento moral ou ético. Tais histórias explicam o surgimento do mundo e fortalecem certa ideia dos ciclos da natureza e da organização da sociedade, falando não só do passado, mas também orientando as ações no presente. A esse conjunto de conhecimentos ancestrais, cosmogônicos e épicos, chamamos "mitologia".

Na tradição greco-latina, há inúmeros exemplos desse esforço coletivo de sistematização de um conhecimento oral. Um desses mitos, que chega até nós pelas mãos de Ovídio, poeta da Roma Antiga, trata da importância da hospitalidade. O mito conta que Zeus, o senhor do Olimpo, chamou seu filho Hermes com a intenção de testar os mortais quanto a seu espírito hospitaleiro (Hermes é o mensageiro dos deuses, considerado pelos gregos a divindade responsável pela comunicação, a diplomacia e a proteção dos viajantes). Os dois se vestiram com roupas muito pobres, como pessoas em situação de rua, para não serem reconhecidos.

Uma das comunidades visitadas pelos deuses era conhecida pela aspereza e descortesia de seus habitantes. Contudo, já tarde da noite, numa casa do vilarejo que mais parecia uma choupana, um casal de idosos, Filêmon e Báucis, sem saber da real identidade da dupla, acolhe os forasteiros. Eles servem comida e vinho, lavam os pés dos viajantes e oferecem a própria cama para que possam descansar. A depender da versão, também se conta que nessa noite o vinho se multiplicou milagrosamente.

Você provavelmente já ouviu falar de histórias parecidas, em outros contextos, históricos ou religiosos, não é mesmo?

Estátua de Ovídio (43 a.C.-17 d.C.), nascido em Sulmona, hoje uma comuna italiana. O poeta é autor de *Metamorfoses*, onde conta o mito de Báucis e Filêmon.

Na continuação do relato, um grande dilúvio acomete o vilarejo, mas os deuses poupam o casal em reconhecimento à hospitalidade recebida e concedem a eles a realização de dois desejos. O primeiro desejo do casal é transformar a humilde choupana onde moram em um templo para honrar os deuses; o segundo é permanecerem juntos até o fim da vida. Conta-se que, ao morrerem juntos como desejavam, Báucis foi transformada numa bela e frondosa tília cujos galhos se entrelaçaram aos galhos do grande carvalho em que Filêmon fora transformado.

Há muitas versões e interpretações desse mito grego, mas chama a atenção o ensinamento moral do dever de acolher aqueles que precisam. O mito ensina que as necessidades daqueles que eventualmente nos causam estranhamento também importam para nós. Assim, qualquer pessoa, por mais simples ou até ameaçadora que pareça, pode e deve ser tratada com o mesmo apreço com que trataríamos deuses. De algum modo, esses ensinamentos estão presentes em várias culturas e religiões, e em diferentes épocas serviram como uma espécie de ética da hospitalidade que nos lembra da importância do acolhimento.

Na tradição afro-brasileira, por exemplo, entre as religiões de matriz africana, temos a mitologia dos orixás, deidades da cultura iorubá representativas da força da natureza e dos arquétipos humanos. Os mitos iorubá trazem uma série de exemplos de sacrifício e da necessidade de reciprocidade que caracteriza o imperativo da hospitalidade – imperativo que pode ser simbolizado pela tríade dar-receber-retribuir. A mesma ideia aparece de diferentes maneiras entre povos originários da América, em mitos em que a criação de vínculos e o cuidado com a comunidade fortalecem a cultura e dão a ela sentido e autonomia.

Homenagem de integrantes do candomblé a Iemanjá, na cidade de Salvador, Bahia.

TEORIA DA DÁDIVA E CRIAÇÃO DE VÍNCULOS

Há muito a humanidade se depara com o dilema da dádiva: afinal, o que move as pessoas em direção a uma atitude altruísta? Na modernidade, ou pós-modernidade, há espaço para a dádiva?

Os tempos modernos são notadamente marcados pela ideia de pragmatismo e racionalidade instrumental. Essa ideia normalmente explica certa inclinação para pensar a organização da vida dos indivíduos segundo interesses pessoais, materiais e de consumo que regem uma vida basicamente orientada por questões econômicas.

Segundo esse pensamento, os seres humanos têm interesses, motivações e paixões que muitas vezes se chocam com aquilo que poderíamos chamar de "utopia do coletivo". A racionalidade instrumental é crítica a essa utopia por acreditar que quanto mais indivíduos puderem saciar seus desejos individuais, mais próximos estaremos de chegar a uma sociedade ideal, em que a maioria das pessoas se sente satisfeita. É essa utopia, mais individual do que coletiva, que tem sido enaltecida na modernidade.

O problema de tal pensamento é que a liberdade de escolha que o mercado oferece às pessoas que dele participam ignora o conceito de comunidade. Na verdade, ela é a antítese desse conceito. É justamente a capacidade de se "conectar" e "desconectar", de ir facilmente ao encontro de um ou outro interesse, que impede a formação de vínculos duradouros que revelam o sentimento de pertencimento tão precioso dentro de uma comunidade.

Mas há algo quase involuntário que nos inspira sentimentos e motiva ações naturalmente altruístas. Por "altruísmo", entenda-se aqui toda e qualquer atitude em favor de alguém, conhecido ou não, livre do desejo de retribuição. É essa capacidade que está na origem do conceito de dádiva.

As relações contemporâneas, muitas vezes efêmeras, pressupõem uma simetria de atos: como numa relação mercantil ideal, ninguém pode ficar devendo nada a ninguém. Contudo, é exatamente a ausência – ou aparente ausência – de reciprocidade que define a dádiva. Por exemplo: se fazemos um favor a alguém, conhecido ou desconhecido, a pessoa que recebeu a gentileza nos agradece. "Obrigado", ela diz, admitindo a existência de uma dívida moral ou de outra natureza, gerando, portanto, o sentimento de "gratidão". Normalmente, as pessoas respondem a esse agradecimento de modo a minorar o impacto da própria ação, como se ela não fosse "nada", diminuindo, portanto, a importância da dádiva. Como observa Jacques T. Godbout (1998):

> Este é um dos mais estranhos comportamentos da dádiva, à primeira vista: a negação da importância da dádiva por parte do doador. [...] Nossas fórmulas de gentileza têm o mesmo sentido: de nada, *de rien, di niente, de nada, my pleasure,* garantem os doadores a quem lhes agradece pela dádiva que fizeram.

Godbout considera a dádiva um instrumento que favorece o estabelecimento de relações sociais. Ainda que, a princípio, não haja desejo de reciprocidade, a ausência desse desejo não é absoluta, senão não haveria a expectativa de criar vínculos. Portanto, reconhecer a dádiva e proporcioná-la encerra a ideia de que a dádiva "é um bem a serviço dos vínculos sociais" (Godbout, 1999, p. 17). Ela cria um sistema social que estimula a liberdade dos outros e se diferencia do que Godbout (1998) chama de modelo do *homo oeconomicus* (o humano motivado apenas pelo próprio interesse).

O desafio, portanto, é pensar nas razões que tornam válido o sistema da dádiva. Não por questões monetárias, como acontece quando pagamos por um produto ou serviço, nem por um imperativo moral ("temos que fazer tal coisa"), mas sim por um impulso desobrigado, espontâneo. É esse impulso que provavelmente nos trouxe até aqui e nos humanizou.

PARA SABER MAIS

As pesquisas de Marcel Mauss sobre o fenômeno da dádiva entre os povos indígenas da América do Norte e da Melanésia foram fundamentais para compreender a complexidade e o valor das trocas nessas sociedades. Para saber mais, recomendamos a leitura da obra *Ensaio sobre a dádiva: forma e razão da troca nas sociedades arcaicas* (Mauss, 2013).

TEORIA DO DOM E O LEGADO DE MARCEL MAUSS

Cerimônia tradicional indígena, na cidade de São Paulo. Os povos originários do Brasil também têm seus ritos de hospitalidade, por meio dos quais recebem visitantes e dividem sua cultura com eles.

O sociólogo francês Marcel Mauss (1872-1950) foi o responsável por uma das maiores contribuições teóricas sobre o papel da dádiva e da tríade dar-receber-retribuir. Para Mauss, a dádiva é um dos mecanismos simbólicos mais sofisticados de união entre seres humanos, capaz de promover trocas motivadas não por relações mercantis ou interesses específicos, mas pelo desejo de criar vínculos sociais suficientemente sólidos. Esse mecanismo simbólico mostra que não agimos exclusivamente em função de nossos interesses ou relações de poder.

Nas palavras do importante antropólogo Lévi-Strauss (2003, p. 24), Mauss nos forneceu uma antropologia, isto é, um sistema de interpretação que explica simultaneamente "os aspectos físico, fisiológico, psíquico e sociológico de todas as condutas". Tal sistema fez nascer o conceito de "fato social total", assim caracterizado por conter três dimensões: sociológica (sincrônica), histórica (diacrônica) e fisiopsicológica. A dádiva, com sua fórmula dar-receber-retribuir, é um fato social total, que só pode ser explicado se considerarmos essas três dimensões.

Marcel Mauss observou algo em comum nas sociedades que estudou: uma espécie de impulso para a troca, para a prestação de algum tipo de assistência ao outro de modo desimpedido e gratuito. Ao mesmo tempo, esse impulso revelava certa obrigação quanto às trocas – trocas que, como percebeu Mauss, não envolviam apenas coisas de valor comercial, mas também, e principalmente,

> amabilidades, banquetes, ritos, serviços militares, mulheres, crianças, danças, festas, feiras [...]. Enfim, essas prestações e contraprestações se estabelecem de uma forma sobretudo voluntária, por meio de regalos, presentes [...]. Propusemos chamar tudo isso de sistemas das prestações totais (Mauss, 2003, p. 14).

As trocas fazem parte da vida humana independentemente da existência de moedas que medeiam transações comerciais. As pesquisas de Marcel Mauss mostram isso e provocam reflexões sobre o sentido das trocas contemporâneas. Afinal, o que nos motiva a insistir num sistema de trocas, entre familiares ou completos estranhos, de forma legitimamente altruísta, espontânea e desinteressada? Questões como essa já estavam colocadas desde o mundo antigo, e talvez aqui sejam úteis para pensar como as sociedades se estruturaram a partir de uma rede de colaborações que fortalece vínculos e dá sentido às comunidades, sejam elas consideradas "primitivas" ou grandes impérios da história.

VOCÊ SABIA?

Você conhece o *potlatch*? Estudada por Marcel Mauss, essa é uma cerimônia comum entre algumas comunidades indígenas da América do Norte. A palavra *potlatch* significa "dar", e a cerimônia consiste na troca de presentes como forma de demonstrar prestígio e ao mesmo tempo difundir a cultura de determinado povo. Nesses rituais, pode-se chegar ao limite de destruir bens para mostrar "desprendimento" e capacidade de se reconstruir.

ARREMATANDO AS IDEIAS

Neste capítulo, você conheceu alguns mitos da hospitalidade que mostram como as relações hospitaleiras fazem parte da vida humana há muito tempo, favorecendo as relações humanas e facilitando o convívio social mesmo entre pessoas estranhas. Também conhecemos um pouco da teoria da dádiva e vimos como ela nos ajuda a entender a criação de vínculos independentemente de interesses ou vantagens econômicas, estimulando a gentileza e a reciprocidade nas relações cotidianas.

Por fim, tomamos contato com o trinômio "dar-receber-retribuir" e o conceito de hospitalidade como "fato social total" por meio da obra do antropólogo Marcel Mauss. A teoria de Mauss demonstra como prestações e contraprestações como banquetes e amabilidades, entre tantos outros exemplos, estruturam as sociedades.

REFERÊNCIAS

GODBOUT, J. T. Introdução à dádiva. **Revista Brasileira de Ciências Sociais**, São Paulo, v. 13, n. 38, p. 39-52, out. 1998.

GODBOUT, J. T. **O espírito da dádiva**. Rio de Janeiro: Editora da FGV, 1999.

HAN, B.-C. **Sociedade do cansaço**. Petrópolis: Vozes, 2017.

HARARI, Y. N. **21 lições para o século 21**. São Paulo: Companhia das Letras, 2018.

HITACHI-UTOKYO LABORATORY (ed.). **Society 5.0**: a people-centric super-smart society. Singapore: Springer Singapore, 2020. *E-book*.

LASHLEY, C. Hospitalidade e hospitabilidade. **Revista Hospitalidade**, São Paulo, v. 12, n. esp., p. 70-92, mai. 2015.

LASHLEY, C.; MORRISON, A. (org.). **Em busca da hospitalidade**: perspectivas para um mundo globalizado. Barueri: Manole, 2004.

LÉVI-STRAUSS, C. Introdução à obra de Marcel Mauss. *In*: MAUSS, M. **Sociologia e antropologia**. São Paulo: Cosac Naify, 2003. p. 11-46.

MAUSS, M. **Ensaio sobre a dádiva**: forma e razão da troca nas sociedades arcaicas. São Paulo: Cosac Naify, 2013.

MORIN, E. **É hora de mudarmos de via**: as lições do coronavírus. Rio de Janeiro: Bertrand Brasil, 2021.

OVÍDIO. **Metamorfoses**. São Paulo: Penguin Companhia das Letras, 2023.

PRANDI, R. **Mitologia dos orixás**. São Paulo: Companhia das Letras, 2001.

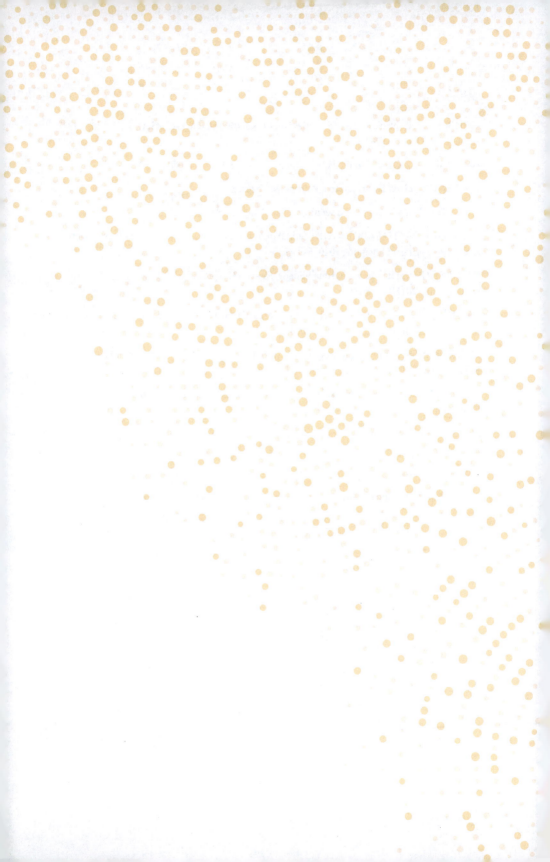

CAPÍTULO 2

História da hospitalidade

"Abram a fronteira": cartaz de protesto em Eleonas, primeiro campo de refugiados aberto na Grécia continental, em 2015. Como nos comportamos diante de dramas como o dos refugiados? Vivemos numa era de colapso moral que produz invisibilidades para nos blindar do sofrimento alheio? Como as pessoas lidavam com isso em outros tempos, por exemplo, na Antiguidade?

O respeito e apreço entre anfitrião e hóspede era chamado pelos gregos antigos de "xênia", uma postura a partir da qual o hóspede era atendido em todas as suas necessidades: ser recebido, acolhido, alimentado e limpo. Tal atitude, considerada sagrada, refletia uma busca por harmonia, equilibrando simetrias e assimetrias na relação entre anfitrião e hóspede.

Como vimos no capítulo anterior, na cultura grega havia a ideia de que o "outro" (o estrangeiro, aquele que a princípio pode provocar estranheza ou mesmo medo) eventualmente pode ser um deus travestido de homem testando a capacidade humana de acolher. Por isso é necessário cuidar do *xenos* (o estrangeiro), ofertar-lhe o que é preciso e, ao fim de tudo, presenteá-lo. Essa ética da hospitalidade era chamada de *philoxenia*.

Alain Montandon (2011), pesquisador dos mais prestigiados no campo da hospitalidade, define a *philoxenia* como um modo de viver em conjunto, definido por regras, ritos e leis que regem a estada do visitante desde o momento da sua chegada, passando pela estada propriamente dita, até o momento em que ele decide partir. Todas essas ações são meticulosamente ritualizadas (como se se tratasse de uma visita divina) e seguidas em etapas, num ordenamento conhecido em que "restaurar" o visitante, isto é, dar-lhe de comer e beber, tem precedência.

Assim, gestos simples, como oferecer um café ou um copo de água, seja no Mediterrâneo, seja no Brasil, são marcas de hospitalidade. Para além da hospedagem e da comida ou bebida, esses gestos criam vínculos interpessoais e indicam solidariedade com quem chega à nossa porta.

No livro *O vocabulário das instituições indo-europeias*, o linguista francês Émile Benveniste (1902-1976) cita uma série de trechos da *Ilíada* que mostram como o valor atribuído a uma pessoa estava relacionado às oferendas que lhe eram feitas. Assim, um anfitrião não devia deixar um hóspede ir embora antes de lhe oferecer todos os presentes devidos segundo as tradições da hospitalidade:

> Não é apenas um presente, uma dádiva desinteressada; é um dom enquanto prestação contratual, imposta pelas obrigações de um pacto, uma aliança, uma amizade, uma hospitalidade: obrigação do *xeínos* (do hospedeiro), dos súditos em relação ao rei ou ao deus, ou ainda uma prestação derivada de uma aliança (Benveniste, 1995, p. 67).

O cumprimento dessa regra, como argumenta Benveniste (1995), estava longe de ser desprovido de outros interesses: a *philoxenia* constrói uma espécie de tessitura social que fortalece as alianças e estrutura a sociedade. Nesse sentido, a *philoxenia* também pode ser entendida como um conjunto de posturas e obrigações esperadas das pessoas dignas de um ato de hospitalidade.

Não acolher era uma das faltas mais graves em que um indivíduo podia incorrer. Do mesmo modo, o banimento e a proibição de ser acolhido eram as maiores censuras infligidas a alguém. O banimento de Édipo, contado na tragédia *Édipo rei*, de Sófocles, é um exemplo conhecido.

No começo da peça de Sófocles, Édipo é tido como herói na cidade de Tebas. Tudo muda quando se descobre que, sem saber, Édipo havia se casado com a própria mãe, Jocasta, depois de (também sem saber) matar o próprio pai, Laio. Feita a revelação, Édipo e Jocasta se punem: ela tira a própria vida e ele se cega. O herói, que passa a ser considerado a razão de toda a desgraça de Tebas, não pode mais ser recebido por ninguém. A inospitalidade é o seu castigo.

Estátua de *Sófocles* (496 a.C.-406 a. C.) em Atenas. As obras de Sófocles, entre elas *Édipo rei*, trazem exemplos e contraexemplos de hospitalidade na Grécia Antiga.

A virada na história de Édipo, ele próprio um estrangeiro em Tebas, vindo de Corinto, demonstra como a hospitalidade é complexa. Marie-Claire

Grassi (2011, p. 45), tentando defini-la, caracteriza a hospitalidade "como uma ponte frágil e perigosa estabelecida entre dois mundos: o exterior e o interior, o fora e o dentro". A própria palavra "hospitalidade" é ambígua, pois comporta tanto *hospes*, o anfitrião, quanto *hostis*, o estrangeiro, o outro que causa estranhamento e pode representar uma ameaça.

Apesar dessa ambiguidade, pensar, nos dias de hoje, sobre o conceito de *philoxenia* é reconhecer o outro como alguém que deve ser acolhido, independentemente de sua cultura, de suas crenças ou de nossos julgamentos sobre o seu comportamento. Nesse sentido, a ética da hospitalidade, entendida como acolhimento àqueles que precisam de ajuda, é algo que nos trouxe até aqui e nos ajuda a superar as diferenças e os obstáculos da vida moderna.

A TÉSSERA DA HOSPITALIDADE NO MUNDO ANTIGO

Hospitalidade também é intrusão, no sentido de admissão do estranho, do estrangeiro, daquela pessoa que não se conhece ou que se conhece muito bem, mas, em algum momento, coloca à prova os limites da hospitalidade. Como isso se dava no mundo antigo? Que mecanismos foram criados para mediar essa relação e autorizar o acolhimento de uma pessoa estranha nos termos de uma atitude hospitaleira (a *philoxenia*)?

No mundo greco-romano, a hospitalidade cumpria uma função político-social, constituindo um ritual de acolhimento e de passagem que, ao mesmo tempo que permitia a entrada do estrangeiro no território da cidade, delimitava regras de acesso aos espaços. Como aponta Marie-Claire Grassi (2011, p. 46), "na sociedade antiga, a hospitalidade cívica é antes de tudo identificação, em seguida, admissão, sob reserva, de um estrangeiro na cidade". Desse modo, sem recorrer à violência, gregos e romanos superavam a hostilidade ao estrangeiro, tido como "bárbaro" por oposição ao "civilizado", que era o morador da cidade.

Na Antiguidade havia um objeto, feito de bronze, ossos ou pedra, que era quebrado ao meio quando do encontro de um anfitrião com seu hóspede. Cada um ficava com uma parte desse objeto, para que, caso se reencontrassem, pudessem reconhecer um no outro os partícipes de uma atitude hospitaleira. Esse objeto simbólico era conhecido em Roma como téssera (*tessera hospitalis*), que também podia ser uma insígnia militar. A téssera dava materialidade ao reconhecimento hospitaleiro, funcionando como uma espécie de voucher que pactuava a hospitalidade entre duas pessoas.

Téssera em forma de javali com inscrição de um pacto de hospitalidade, datada de 14 d.C., atualmente exposta no Museu de Palência, na Espanha.

VOCÊ SABIA?

Na mitologia indo-iraniana há um deus hospitaleiro, Aryaman. Ele representa o cavalheirismo, a honra e a nobreza e é responsável pelo entendimento entre os membros de um mesmo clã e aquele ou aquela (no caso de uma esposa) que venha de fora. Assim, Aryaman é responsável pela administração dos casamentos, pelas ações de acolhida e os laços de proximidade, inclusive entre povos diferentes que estabelecem relações de troca e aliança.

A FUNÇÃO SOCIAL DOS BANQUETES ANTIGOS E MEDIEVAIS

Iluminura de autoria de Jean Fouquet (1420-1481) representando um banquete na corte de Carlos V (1338-1380), rei da França.

Outro hábito extremamente importante como marcador de relações sociais de hospitalidade, tanto na Antiguidade como mais adiante, na Idade Média, são os banquetes. O comer junto, para além de demonstrar um vínculo social, é o reconhecimento de uma relação igualitária. O ato de pessoas se sentarem entre iguais e dividirem uma refeição é uma das mais sofisticadas demonstrações de sociabilidade e hospitalidade.

Na *Odisseia* de Homero esse tema é recorrente e atesta a função social do banquete, estabelecendo hierarquias, simetrias e assimetrias de poder, pois

> comer junto, em certas circunstâncias, também expõe inclusões e exclusões, uma vez que grupos como mulheres, estrangeiros e escravizados nem sempre participam dos banquetes e constituem contraexemplos de hospitalidade. De um lado, a comensalidade reforça os laços políticos, de outro, institui discriminações e hierarquias, e é essa lógica, com diferentes modelos e formatos, que estruturará a formação da alimentação e da sociedade desde a Antiguidade até a Idade Média na Europa (Dias, 2023, p. 18).

Segundo o pesquisador Jean-Marc Albert (2011), os monarcas medievais, assim como representantes de outros estamentos sociais, ofereciam banquetes em várias ocasiões: festas litúrgicas, triunfos militares, casamentos, nascimentos. A importância de cada evento podia ser medida pela abundância ostensivamente demonstrada. Nesse sentido, o banquete servia não só para fortalecer os laços e criar identidades, mas também para exibir o poder daquele que o ofertava:

> Portanto, a refeição pública é investida de uma carga política que evidencia não somente o grande poder do príncipe pela iniciativa do festim, mas também a organização da sociedade, representada dessa maneira. A partilha do alimento e da bebida, ou ainda o uso do brinde, como aquele que São Luís ergue em honra ao rei da Inglaterra, Henrique III, por ocasião do grande banquete de Paris de 1254, evidencia a ambivalência desse discurso alimentar do poder (Albert, 2011, p. 63-64).

Para além das ideias de convivência e alegria relacionadas à comensalidade, na Antiguidade e na Idade Média o banquete era um fator estruturante. O ato de "comer junto" pressupunha uma lógica que organizava as relações de poder e o equilíbrio de forças, indicando tanto inclusões e reconhecimento de equidades como diferenças e hierarquias. Assim, por meio dos banquetes, a hospitalidade organizava a sociedade de forma a ritualizar as refeições e a própria comensalidade. Mais que matar a fome, os banquetes davam sentido e ordem às relações de sociabilidade.

PARA SABER MAIS

Muito da sofisticação dos banquetes romanos foi herdada dos gregos. Os romanos desenvolveram saberes culinários a partir dessa herança, mas também por meio das intensas transações comerciais com outros povos, em relações que acabavam desenvolvendo novos protocolos e costumes de hospitalidade.

Uma outra curiosidade: você sabia que a divisão entre refeições com que estamos acostumados também estava presente no mundo romano? O desjejum era chamado de *jentaculum*, o almoço era o *prandium*, e o jantar, a *cena*. Para saber mais, consulte o livro *Banquete: uma história ilustrada da culinária, dos costumes e da fartura à mesa*, de Roy Strong (2004).

DEMOCRACIA E DIREITOS HUMANOS

Um dos maiores desafios da contemporaneidade são os deslocamentos de um grande contingente de refugiados, não raro tratados com desconfiança ou mesmo hostilidade nos países a que chegam. No entanto, uma grande conquista do mundo contemporâneo é justamente o reconhecimento da universalidade dos direitos humanos. Esses direitos, mesmo frequentemente desrespeitados, ainda são uma das últimas fronteiras do que poderíamos chamar de hospitalidade planetária.

Em 2023, a Declaração Universal dos Direitos Humanos completou 75 anos. A declaração foi promulgada no contexto do pós-Guerra, em 10 de dezembro de 1948, pela Assembleia Geral das Nações Unidas. O conteúdo do documento foi fruto de um consenso do direito internacional a respeito da dignidade e igualdade de todas as pessoas.

A Declaração Universal dos Direitos Humanos só chegou a sua formulação final depois de um longo e tortuoso processo histórico cheio de obstáculos e debates filosóficos sobre temas como a inviolabilidade dos corpos e o reconhecimento de direitos fundamentais. Sua genealogia remete a marcos importantes, como a Declaração dos Direitos do Homem e do Cidadão (1789) e a Carta de Direitos dos Estados Unidos da América (1791).

A historiadora Lynn Hunt (2009), autora do livro *A invenção dos direitos humanos*, pontua que a Segunda Guerra Mundial estabeleceu um nível inimaginável de barbárie, com cerca de 60 milhões de mortos, sendo 6 milhões só de judeus, e as muitas atrocidades escancaradas pelo Tribunal de Nuremberg. O conjunto desses acontecimentos pavimentou o terreno para a compreensão da importância da universalidade dos direitos humanos.

Apesar dos esforços pelo reconhecimento dos direitos humanos como universais, nos últimos anos nos deparamos frequentemente na mídia com referências à chamada "crise migratória". A ideia de "crise" revela aquilo que o sociólogo polonês Zygmunt Bauman (2014, p. 7-8) percebeu como um sentimento de "pânico moral": "um sentimento de medo compartilhado por grande número de pessoas de que algum mal está ameaçando o bem-estar da sociedade".

Além do pânico, a sociedade reage à crise migratória com o que Bauman chama de "cegueira moral": uma espécie de anestesia ante o sofrimento alheio. Essa perda de sensibilidade é um anteparo diante das cenas horríveis veiculadas e exploradas à exaustão pelos meios de comunicação: crianças afogadas ao tentar entrar em um país, campos de refugiados e outras tantas violências que ainda são perpetradas em vários países considerados os mais desenvolvidos do mundo. Todas essas cenas expõem a faceta cruel de uma sociedade que parece ter a hospitalidade como seu maior e mais importante desafio.

SUGESTÃO

Se você quer conhecer um pouco mais sobre os movimentos migratórios contemporâneos, sugerimos o filme *Adú* (2020), dirigido por Salvador Calvo. O longa-metragem, um drama sobre a emigração africana para a Europa, mostra três histórias que se cruzam em torno de um menino que sai de Camarões em direção à Espanha. O filme, vencedor de quatro prêmios Goya, a principal premiação do cinema espanhol, retrata fatos frequentes na jornada de refugiados africanos que tentam chegar à Europa. Exemplo disso são as cenas que mostram a vigilância dos guardas nas cercas de arame farpado e lâminas de barbear que separam Melilla e Ceuta (cidades autônomas espanholas localizadas no Norte da África), revelando a hostilidade direcionada àqueles que tentam fazer a travessia rumo à Europa.

ARREMATANDO AS IDEIAS

Neste capítulo fizemos um breve percurso pela história da hospitalidade, partindo da ética da hospitalidade greco-romana, passando pelos banquetes antigos e medievais e chegando ao reconhecimento da universalidade dos direitos humanos na contemporaneidade.

Para concluir, abordamos a "cegueira moral" contemporânea, que revela como, apesar do reconhecimento dos direitos humanos, temos nos mostrado incapazes de torná-los universais. Isso fica claro no modo como os refugiados são tratados nos países aonde chegam.

REFERÊNCIAS

ALBERT, J.-M. **Às mesas do poder**: dos banquetes gregos ao Eliseu. São Paulo: Editora Senac São Paulo, 2011.

BAUMAN, Z. **Cegueira moral**: a perda da sensibilidade na modernidade líquida. Rio de Janeiro: Zahar, 2014.

BAUMAN, Z. **Estranhos à nossa porta**. Rio de Janeiro: Zahar, 2017.

BENVENISTE, E. **O vocabulário das instituições indo-europeias**. Campinas: Editora da Unicamp, 1995.

DIAS, S. **História da alimentação**. São Paulo: Editora Senac São Paulo, 2023. (Série Universitária).

GRASSI, M.-C. Hospitalidade: transpor a soleira. *In*: MONTANDON, A. (dir.). **O livro da hospitalidade**: acolhida do estrangeiro na história e nas culturas. São Paulo: Editora Senac São Paulo, 2011.

HUNT, L. **A invenção dos direitos humanos**: uma história. São Paulo: Companhia das Letras, 2009.

MONTANDON, A. (dir.). **O livro da hospitalidade**: acolhida do estrangeiro na história e nas culturas. São Paulo: Editora Senac São Paulo, 2011.

STRONG, R. **Banquete**: uma história ilustrada da culinária, dos costumes e da fartura à mesa. Rio de Janeiro: Jorge Zahar, 2004.

CAPÍTULO 3

A hospitalidade no mundo moderno

Crédito: Metropolitan Museum of Art/Wikimedia Commons.

O dândi, no contexto urbano do século XIX, em cidades como Londres ou Paris, é o indivíduo que se veste com requinte e age com elegância, alguma afetação e delicadeza, uma espécie de modelo para o cavalheiro aristocrata ou burguês, enfim, o homem "civilizado".

Pouca gente sabe, mas o romancista Honoré de Balzac (1799-1850) também se aventurou na crítica de moda e gastronomia. Seus textos sobre esses temas foram reunidos em um interessantíssimo livro de costumes, quase um manual de estilo, intitulado *Tratado da vida elegante: ensaios sobre a moda e a mesa*. Nele, o autor de *Ilusões perdidas* declara:

> Todos os homens comem; mas pouquíssimos sabem comer. Todos os homens bebem; mas um número ainda menor sabe beber. É preciso diferenciar os homens que comem e bebem para viver, e aqueles que vivem para comer e para beber. Há uma infinidade de nuances delicadas, profundas, admiráveis entre esses dois extremos. Mil vezes bem-aventurado aquele que a natureza destinou a formar o último elo dessa grande corrente! Só ele é imortal! (Balzac, 2016, p. 226).

Na mesma obra, o autor oitocentista teoriza sobre o modo correto de andar, comer ou fumar um charuto, dá orientações sobre a arte de colocar a gravata e até fornece um "código da toalete".

No presente capítulo, veremos que percurso a história das mentalidades percorreu até chegar à era dos dândis, contexto em que Balzac escreveu. Essa era (assim como a Antiguidade e a Idade Média) teve suas próprias convenções para que as pessoas se tratassem com boas maneiras, gentileza e urbanidade.

O NASCIMENTO DA ETIQUETA E O PROCESSO CIVILIZADOR

No livro *O processo civilizador*, o sociólogo alemão Norbert Elias (1897-1990) reflete sobre como teríamos nos transformado em animais sociáveis. Para ele, nossa civilidade e conduta moral não são fruto do "espírito humano", mas de um condicionamento ou mesmo adestramento de gestos que, pela dor, fomos incorporando a nossa memória e corporeidade. Embora Elias se refira especificamente ao Ocidente, podemos estender essa lógica a outras culturas que, pela "memória do corpo", revelam uma educação que impõe regras de civilidade e distinção, ou seja, um processo civilizador.

O sociólogo constata que nem sempre agimos com urbanidade, qualidade típica daqueles que julgamos indivíduos civilizados. Ainda segundo Elias (1994), se tivéssemos uma máquina do tempo e pudéssemos ter contato com as pessoas que viveram no feudalismo, provavelmente nos deparariamos com comportamentos que considerariamos inadequados do ponto de vista do que reconhecemos como "educado". Assim, o autor destaca que a noção de "civilização" compreende uma gama considerável de elementos, que abarcam nossas maneiras, costumes, religiões e até a tecnologia a que determinado grupo social tem acesso.

O conceito de civilização pode variar mesmo entre nações ocidentais. Por exemplo, Elias pondera que, para os alemães, a ideia de civilização (*Zivilisation*) tem uma dimensão utilitária, exterior, de realização material, de algo útil, por assim dizer. O conceito que define a identidade do povo alemão e o orgulho de seus feitos é designado não pela palavra *Zivilisation*, mas por *Kultur*, entendida muito claramente dentro desse grupo social.

Já para franceses ou ingleses, o conceito de civilização tende a abarcar também, além de realizações materiais e utilitárias, aspectos políticos e morais. Assim, para os alemães, é como se fosse necessário separar a dimensão das realizações práticas da civilização (usando *Kultur* para designar a dimensão "espiritual" da nação); já para franceses e ingleses, o conceito de civilização é mais abrangente, comportando também uma dimensão formativa, no sentido de uma pessoa "civilizada".

De algum modo, a ideia de civilização de franceses e ingleses (no sentido de reconhecer o processo de "refinamento" da sociedade como algo universal) acabou prevalecendo. Mas é útil pensar na diferenciação alemã entre *Zivilisation* e *Kultur* para lembrar que a noção de civilização não é homogênea.

A SOCIEDADE DE CORTE E O HOMEM CORTÊS

A sociedade moderna foi pródiga em reconhecer a importância de códigos de refinamento. No Renascimento italiano, a grande obra dedicada a esse tema foi *O cortesão* (1528), de Baldassare Castiglione (1478-1529). Segundo Alcir Pécora em prefácio à tradução brasileira do livro, a obra de Castiglione serviu de modelo para todos os outros códigos de conduta que surgiram à época:

> Trata-se sem dúvida do mais importante livro do gênero: o modelo de todos os demais tratados, que se multiplicaram nas diferentes línguas, com o mesmo propósito de instituição de um novo código da razão, sinalizado por um sistema complexo de maneiras, cujo decoro previa a aplicação adequada delas segundo as diferentes circunstâncias (Pécora, 2018, p. VII).

O cortesão era uma obra dedicada a divulgar as ações elegantes de gentis--homens e damas considerados modelos exemplares de "cortesania". De saída, o cortesão precisava ter origem aristocrática e acesso a uma formação clássica, intelectual e artística, mas, além disso, devia ter atributos de caráter moral, virtudes orientadas especialmente à tríade prudência, discrição e dignidade (Pécora, 2018). Assim, a obra de Castiglione consagra a *sprezzatura*, definida como a naturalidade no fazer, sem expressar qualquer tipo de afetação. O autor valoriza a espontaneidade dos gestos e palavras de alguém que parece ocultar graciosamente uma superioridade implícita, revelada de forma sutil e sem esforço:

> tendo eu várias vezes pensado de onde vem essa graça, deixando de lado aqueles que nos astros encontraram uma regra universal, a qual me parece valer, quanto a isso, em todas as coisas humanas que se façam ou se digam mais que qualquer outra, a saber: evitar ao máximo, e como um áspero e perigoso escolho, a afetação; e, talvez para dizer uma palavra nova, usar em cada coisa uma certa *sprezzatura* que oculte a arte e demonstre que o que se faz e diz é feito sem esforço e quase sem pensar. É disso, creio eu, que deriva em boa parte a graça, pois das coisas raras e bem feitas cada um sabe as dificuldades, por isso nelas a facilidade provoca grande maravilha (Castiglione, 2018, p. 42).

Outro instrumento importante, que se soma às outras virtudes esperadas do indivíduo civilizado moderno, é a habilidade de encetar uma conversação elegante. Junto com os manuais de boas maneiras e cortesia, que se propagavam pela Europa, surgem os tratados de "arte da conversação":

> "A arte da conversação" é o título de uma série de manuais que apareceram entre os séculos XVII e XIX na Inglaterra, França e em outros lugares. Na verdade, eles são apenas a ponta de um importante iceberg – de um grupo de textos que, quaisquer que sejam seus títulos, ensinam seus leitores a falar, de maneira geral ou em tipos específicos de ocasião. Textos como esses ainda são produzidos, mas a ênfase mudou, em nosso século [século XX], do social para o psicológico – da arte de mostrar-se como alguém bem-nascido para aquela de adquirir confiança, "quebrar o gelo" e fazer amigos (Burke, 1995, p. 120).

O século XVII, na Europa Ocidental, foi um momento-chave para a consagração da "sociedade de corte". Essa sociedade era liderada por um rei que exercia o poder e se legitimava, de um lado, pela ideia do "direito divino do rei" (segundo a qual seu poder emanava de Deus, que o autorizava a reinar de maneira absoluta) e, de outro, pelo contrato social a partir do qual todos os estamentos (camponeses, burguesia, clero e nobreza) concediam o poder absoluto ao monarca.

O absolutismo monárquico atribui ao rei a primazia da força por meio de um exército unificado; das riquezas, por meio dos impostos; e da fé, por meio da igreja, que lhe conferia suporte ideológico e sobre a qual tinha algum controle. Os grupos em disputa (servos, burgueses, nobres, religiosos), seja por privilégios ou temores, seja pela crença na autoridade e legitimidade desse modelo, acreditavam, ou pretendiam acreditar, que seriam protegidos pelo "rei divino".

Esse processo teve como paradigma o rei francês Luís XIV, conhecido como Rei Sol, que encapsulou a nobreza deslocando a corte, antes localizada em Paris, para o recém-construído Palácio de Versalhes. Esse deslocamento criou uma sociedade de corte cheia de protocolos, cujos procedimentos complicadíssimos visavam distinguir a nobreza – e, claro, o próprio rei – dos outros estamentos sociais. Nasce aí o "homem cortês" e a ideia de cortesia como polidez, mesura ou vênia diante do rei.

O imenso jardim do Palácio de Versalhes. Luís XIII (1601-1643), o pai do Rei Sol, fazia suas caçadas no local, que, durante o reinado do filho, passaria a abrigar as festividades da sociedade de corte.

Os pequenos gestos da sociedade de corte formam uma etiqueta – uma "pequena ética" (Ribeiro, 1995) – de posturas e comportamentos que oferece hospitalidade aos iguais (no caso, aos nobres) ao mesmo tempo que é hostil àqueles que não o são e, portanto, não dominam os códigos da sociedade de corte. A frase "se não têm pão, que comam brioches", comumente atribuída a Maria Antonieta, a princesa austríaca que se tornou rainha da França ao se casar com Luís XVI, representa essa desconexão ou hostilidade em relação aos outros estratos do povo francês.

Luís XIV, rei da França (1638-1715), protetor da Academia, quadro de Henri Testelin (1616-1695) que integra o acervo do Museu do Louvre.

Outro dado interessante é o cuidado com a imagem do rei, como podemos ver no quadro de Henri Testelin aqui reproduzido. Além de evidenciar o luxo da indumentária de Luís XIV, a tela traz elementos como um globo, uma escultura e pergaminhos que sugerem a condição de um mecenas, amante das artes e protetor da academia, como o próprio título da obra enuncia. O conjunto desses elementos revela uma hospitalidade ambígua e até excludente, pois reconhece uma dignidade aristocrática negada a outros estamentos sociais.

VOCÊ SABIA?

Atualmente, o Palácio de Versalhes é um dos principais patrimônios e atrativos turísticos da França. Localizado na cidade de Versalhes (à época da construção do palácio, uma antiga aldeia rural, mas hoje considerada subúrbio de Paris), o local serviu de fortaleza para temporadas de caça na época de Luís XIII. Só depois, com Luís XIV, o palácio foi construído a fim de abrigar toda a corte. Entre tantos outros números colossais, a construção tem cerca de 700 quartos, mais de 2.000 janelas e 1.250 lareiras distribuídos em 800 hectares de área.

Para consultar o acervo do Palácio de Versalhes e obter informações sobre cursos, visitações e exposições temáticas, visite o site oficial:

O Palácio de Versalhes é visitado todo ano por milhões de turistas, pesquisadores e estudantes. Além do acervo com milhares de obras de arte, no local há exposições temáticas e visitas guiadas.

ETIQUETA E HOSPITALIDADE NO ORIENTE

Junichiro Tanizaki (1886-1965), escritor japonês, autor de romances prestigiados dentro e fora do Japão, escreveu um breve ensaio sobre estética: *Em louvor da sombra*. Originalmente publicado em 1933, o texto é uma ode à cultura tradicional japonesa naquilo que, segundo Tanizaki, tem de essencial e contrastante com a cultura ocidental: a penumbra, em oposição à claridade, e a opacidade, em oposição ao brilho.

> De modo geral, nós, os japoneses, sentimos desassossego diante de objetos cintilantes. No Ocidente, prata, ferro ou cobre são usados na fabricação de aparelhos de jantar e talheres, os quais são polidos até brilhar, coisa que não apreciamos. Às vezes, fazemos chaleiras, taças e frascos de saquê de prata, mas não os lustramos. Ao contrário, apraz-nos observar o tempo marcar sua passagem esmaecendo o brilho do metal, queimando e esfumaçando sua superfície (Tanizaki, 2017, p. 28).

De forma poética, Tanizaki tece considerações sobre os utensílios de metal em que são servidas as preparações culinárias chinesas e sobre o gosto particular dessa cultura, similar ao japonês, de apreciar a opacidade das peças de estanho, brilhantes quando novas, mas modificadas pelo tempo. Outro exemplo dado pelo autor é o do papel: enquanto uma folha de papel é para os ocidentais apenas uma coisa utilitária, para japoneses e chineses ela pode ser apreciada por sua textura (comparável, por exemplo, à delicadeza da primeira neve de inverno) ou por sua cor, que, diferentemente da folha branca ocidental, não repele, mas absorve gentilmente a luz.

Crédito: Haragayato/Wikimedia Commons.

Cerâmica japonesa emendada com a técnica *kintsugi*, que usa laca com pó de ouro, prata ou platina para restaurar peças quebradas. Segundo Junichiro Tanizaki, a cultura japonesa valoriza as marcas do tempo inscritas na memória do utensílio.

A verdade é que estudamos pouco ou de maneira enviesada a estética, a etiqueta e as manifestações de hospitalidade dos povos orientais. E isso revela uma postura colonialista, eurocêntrica, baseada em preconceitos e na desconsideração do outro – esse outro que não é europeu e, por isso, é considerado desprovido de urbanidade e marcado sob o signo da inferioridade e do exótico. Em certo sentido, o Oriente é uma invenção idealizada pelo próprio Ocidente por meio do que Edward Said chamou de "orientalismo": um modo de pensar o Oriente tendo sempre como referência a experiência ocidental europeia.

> Assim, todo o Orientalismo representa e se afasta do Oriente: o fato de o Orientalismo fazer sentido depende mais do Ocidente que do Oriente, e esse sentido tem uma dívida direta com várias técnicas ocidentais de representação que tornam o Oriente visível, claro, "presente" no discurso a seu respeito (Said, 2007, p. 52).

Essa idealização nem sempre positiva do Oriente ignora manifestações sofisticadas de urbanidade, civilidade e hospitalidade com as quais teríamos muito a aprender. Os exemplos são fartos nesse campo. Na antiga civilização chinesa, por exemplo, o uso do *kuài zi*,[1] e não de talheres como garfo e faca, se fundamentava na compreensão de que há um local adequado para trinchar alimentos e manejar a faca, que é o domínio da cozinha (ou da guerra) e, fora desse contexto, usar uma faca pode parecer hostil e até bárbaro (Elias, 1994). Tal atitude pode estar ligada à ideia de que a mesa é o lugar do entendimento, da comunhão por meio do alimento, isto é, da comensalidade.

De forma análoga, os japoneses fazem uso do hashi e tratam sua culinária como arte em todos os aspectos, que vão desde a estética do prato até os utensílios utilizados. Nesse sentido, a beleza e singeleza da apresentação do prato à mesa demonstram o cuidado com a hospitalidade e o respeito aos comensais e à comida. Observe, na foto a seguir, como pode haver uma dimensão de aprendizado conjugada ao alimento. Os ensinamentos sobre uma cultura muitas vezes são dados por meio de pequenos gestos, simples e delicados, mas que denotam a sofisticação e a excelência de um artesanato.

---

[1] *Kuài zi* (筷子), os "pauzinhos", artefatos que chineses e outros povos utilizam para levar a comida à boca. Os japoneses chamam esses artefatos de "hashi".

Família japonesa à mesa: o cuidado com os alimentos e sua estética corresponde a um cuidado com os gestos e o uso do hashi. A mesa se torna hospitaleira pela comensalidade e pela dimensão do aprendizado, transmitido de geração em geração.

Em contrapartida, o desenvolvimento das boas maneiras à mesa entre os europeus tem como elemento central o uso da faca, que por sua vez deriva da guerra. O chefe guerreiro do Medievo, que mais tarde se transformaria em nobre, podia usar a mesma faca para guerrear e caçar ou para espetar e trinchar a carne que, à mesa, levava à boca com as mãos. Mãos que às vezes desengordurava no pelo de cães ou coelhos dispostos próximo às cadeiras. O desenvolvimento das boas maneiras à mesa entre os europeus é um fenômeno cultural de longa duração, muitas vezes impulsionado pelas camadas aristocráticas:

> Catarina de Médici, da corte florentina, que se casaria com o futuro rei francês, Henrique II, e que foi criada na corte papal por seu tio, o papa Clemente VII (Franco, 2004), teria levado à França não só os prestigiados cozinheiros italianos, mas também o hábito de usar talheres. Ela personifica a sofisticação das cortes italianas por meio dos seus códigos de conduta e do desenvolvimento de uma etiqueta expressa em manuais publicados à época (Dias, 2023, p. 34).

Voltando ao Oriente, uma das mais sofisticadas demonstrações de hospitalidade entre os japoneses é a cerimônia do chá – *chanoyu* (茶の湯), ou *chadō* (茶道) –, tradição que expressa toda uma filosofia de vida. No *chadō*, os cuidados com o ambiente e com os utensílios são rigorosos e se estendem à hospitalidade, à simetria entre hóspede e anfitrião. Nas palavras do mestre Jo'o, transcritas por Kakuzo Okakura (2017, p. 130):

> Desde o momento em que pisar a aleia do jardim até o momento da partida, você deverá nutrir pelo anfitrião o mais respeitoso apreço, como se o encontro fosse ocorrer essa única vez em sua vida.

Observe, na foto a seguir, como o convidado deve ser bem recebido na cerimônia do chá. O cuidado é percebido até mesmo no jardim, que oferece equilíbrio e serenidade ao conviva em tudo o que vê e sente. O momento da cerimônia é visto como único, e o anfitrião, aquele que exerce a hospitalidade, também é acolhido pelo respeito daqueles a que servirá.

A imagem revela uma sala da cerimônia japonesa do chá e, ao fundo, um jardim – um deleite para os olhos, assim como é o chá para os sentidos. O *chadō*, com todos seus protocolos, cuidados e detalhes, que o tornam uma experiência única, é parte de uma filosofia de vida.

PARA SABER MAIS

Para saber mais sobre a história e a cultura do chá, indicamos a leitura do livro *Chá: rituais e benefícios*, de Christine Dattner (2011).

Também entre os povos árabes temos exemplos de hospitalidade, em especial no deserto, onde o acolhimento do estranho pode ser uma questão de vida ou morte. Na tradição do islã, o acolhimento é considerado um ato meritório, uma vez que a crença em Deus pressupõe atender o estrangeiro, aquele que não conhecemos, em suas necessidades. A mesa farta, como vemos na imagem a seguir, demonstra o apreço pela comensalidade, isto é, pelo compartilhamento dos alimentos tradicionais.

Família muçulmana durante refeição.

O GOSTO BURGUÊS E O *GRAND TOUR*

Entre os séculos XVII e XVIII, a ideia de "bom gosto" passa a ter enorme influência entre as classes mais abastadas. Mais que distinguir o belo do feio, o "bom gosto" revela quase que uma obsessão dessas classes pelas belas-artes, pela gastronomia, pelos patrimônios históricos, etc. Entre aristocratas e burgueses, era imperioso fazer viagens pela Europa, especialmente pela Itália (berço do Renascimento), para robustecer o repertório cultural e conhecer ao vivo o que já se conhecia à distância. Essas viagens, que se tornaram um fenômeno social, ficaram conhecidas como *grand tour*.

No artigo "Grand Tour: uma contribuição à história do viajar por prazer e por amor à cultura", a pesquisadora Valéria Salgueiro (2002) descreve o surgimento do *grand tourist*:

> Um novo tipo de viajante surge no século XVIII em conexão com as transformações econômicas e culturais na Europa do Iluminismo e da Revolução Industrial. Trata-se aqui não do viajante de expedições de guerras e conquistas, não do missionário ou do peregrino, e nem do estudioso ou cientista natural, ou do diplomata em missão oficial, mas sim do *grand tourist*, conforme era chamado o viajante amante da cultura dos antigos e de seus monumentos, com um gosto exacerbado por ruínas que beirava a obsessão e uma inclinação inusitada para contemplar paisagens com seu olhar armado no enquadramento de amplas vistas panorâmicas, compostas segundo um idioma permeado por valores estéticos sublimes. Um viajante disposto acima de tudo de recursos e tempo nas primeiras viagens registradas pela historiografia da prática social de viajar por puro prazer e por amor à cultura (Salgueiro, 2002, p. 291).

Um exemplo célebre de *grand tourist* é o autor alemão J. W. Goethe (1749-1832), que publicou seu "diário de viagem" à Itália relatando tudo o que via e sentia: "eu apenas abro bem os olhos, olho, vou-me embora e volto para olhar de novo, pois não há maneira de alguém preparar-se para Roma senão em Roma" (Goethe, 1999, p. 154).

Valéria Salgueiro (2002) também menciona o filósofo escocês Adam Smith (1723-1790), que observou a prática crescente das viagens dos filhos de famílias abastadas, estimulados por seus pais com o propósito de que tivessem uma rica experiência. No artigo "Os gastos das instituições para a educação da juventude", Smith (1996) escreveu:

> Na Inglaterra, generaliza-se a cada dia mais o costume de mandar jovens viajar por países estrangeiros, imediatamente após deixar a escola, sem mandá-los à universidade. Alegam-se que os nossos jovens costumam voltar mais preparados, após essas viagens (Smith, 1996, p. 238).

À época de Goethe, os viajantes ainda tinham de superar grandes desafios para se locomover. Em geral essas viagens eram feitas com montarias ou carruagens (por vezes abarrotadas) em estradas nada amistosas. O viajante ainda podia ter que encarar rios e montanhas, e era necessário pernoitar em hospedarias ou albergues nem sempre confortáveis, além de acordar muito cedo para continuar a viagem (Salgueiro, 2002).

No decorrer do século XIX, esse cenário foi mudando: houve uma verdadeira revolução dos transportes com a proliferação das ferrovias e das viagens de navios a vapor. Surgiu também a possibilidade de contratar guias locais ou consultar guias de turismo impressos que começavam proliferar nessa Europa artística e histórica que o *grand tourist* desejava conhecer. O dândi moderno assistiria a esse fenômeno, marco no desenvolvimento da indústria do turismo e da hospitalidade profissional.

SUGESTÃO

Para conhecer algumas das obras de arte que os *grand touristes* iam ver em suas viagens, veja o capítulo "Pintura eterna" do livro *Leonardo, Frida e outros artistas: oito séculos narrados em mais de cem obras de arte*, de Camille Jouneaux (2024).

ARREMATANDO AS IDEIAIS

Neste capítulo, discutimos a hospitalidade a partir das ideias de "boas maneiras" e "processo civilizador". Estudando esse processo, vimos como o conceito de "civilização" pode variar de cultura para cultura, mesmo entre povos europeus. Depois, descobrimos como a preocupação com os bons modos à mesa – e até certo maneirismo nos gestos e refinamento dos modos – surgiu primeiro entre grupos aristocráticos, em manuais de estilo como *O cortesão*, de Baldassare Castiglione. E vimos como a gênese da "sociedade de corte" e do indivíduo "cortês" remonta a Luís XIV.

Saindo do Ocidente, observamos algumas demonstrações de hospitalidade por meio da comensalidade entre povos orientais. Por fim, voltamos à Europa para analisar o *grand tour* e sua função social na passagem da sociedade moderna ao mundo contemporâneo, com o surgimento de um novo viajante, o *grand tourist*, que trouxe consigo novas formas de hospitalidade, precursoras da atividade turística na contemporaneidade.

REFERÊNCIAS

ASTUTO, B. **Catarina de Médicis**. Rio de Janeiro: Lacerda Editores, 2001.

BALZAC, H. **Tratado da vida elegante**: ensaios sobre a moda e a mesa. São Paulo: Penguin Classics Companhia das Letras, 2016.

BURKE, P. **A arte da conversação**. São Paulo: Editora Unesp, 1995.

CASTIGLIONE, B. **O cortesão**. São Paulo: Martins Fontes, 2018. (Coleção Clássicos WMF).

DA VINCI, Leonardo. **Os cadernos de cozinha de Leonardo da Vinci**. Rio de Janeiro: Record, 2005.

DATTNER, C. **Chá**: rituais e benefícios. São Paulo: Editora Senac São Paulo, 2011.

DIAS, S. **História da alimentação**. São Paulo: Editora Senac São Paulo, 2023. (Série Universitária).

ELIAS, N. **O processo civilizador**. Rio de Janeiro: Jorge Zahar, 1994. 2 v.

HOURANI, A. **Uma história dos povos árabes**. São Paulo: Companhia das Letras, 2006.

JOUNEAUX, Camille. **Leonardo, Frida e outros artistas**: oito séculos narrados em mais de cem obras de arte. São Paulo: Editora Senac São Paulo, 2024.

OKAKURA, K. **O livro do chá**. São Paulo: Estação Liberdade, 2017.

PÉCORA, A. Apresentação da obra. *In*: CASTIGLIONE, B. **O cortesão**. São Paulo: Martins Fontes, 2018. (Coleção Clássicos WMF).

RIBEIRO, R. J. **A etiqueta no Antigo Regime**. São Paulo: Moderna, 1995.

SAID, E. W. **Cultura e imperialismo**. São Paulo: Companhia das Letras, 2011.

SAID, E. W. **Orientalismo**: o Oriente como invenção do Ocidente. São Paulo: Companhia das Letras, 2007.

SALGUEIRO, V. Grand Tour: uma contribuição à história do viajar por prazer e por amor à cultura. **Revista Brasileira de História**, São Paulo, v. 22, n. 44, p. 289-310, 2002.

SMITH, A. **A riqueza das nações**: investigação sobre sua natureza e suas causas. São Paulo: Nova Cultural, 1996. 2 v. (Coleção Os Economistas).

TANIZAKI, J. **Em louvor da sombra**. São Paulo: Penguin Classics Companhia das Letras, 2017.

CAPÍTULO 4

Comensalidade e hospitalidade

Jovens tomando um café e se divertindo.

Qual a magia que há em uma xícara de café? Sinônimo de hospitalidade entre os brasileiros, essa bebida mágica já foi condenada por religiosos durante a Idade Média, depois abençoada pelo papa e considerada o "vinho do islã" para os muçulmanos. O fruto do café, originário da Etiópia, uma vez torrado, moído e posto em infusão, rodou o mundo preparado de diferentes modos e se tornou uma bebida global, que em muitas culturas remete a um momento de pausa, revigoramento, deleite e convívio. Vai um cafezinho aí?

DO CAFEZINHO AOS ENCONTROS DIPLOMÁTICOS

Na cidade de Nápoles, na Itália, é muito conhecida a expressão *caffè sospeso*. A expressão designa uma prática difundida entre a população local: o gesto espontâneo de pedir um café para si e deixar outro pago para outra pessoa – um desconhecido, um passante, alguém que, eventualmente, não poderia pagar por ele. O café fica "suspenso", ou pendente, à espera de alguém, e cabe ao barista a generosidade de destinar tal café a alguém que dele precise.[1] Esse costume se espalhou pelo mundo, de Nápoles e de outras cidades da Itália para Nova York, Buenos Aires e cidades brasileiras.

Recipiente em formato de cafeteira para donativos destinados ao *caffè sospeso* na cidade de Nápoles.

---

1 Algumas fontes apontam como origem do *caffè sospeso* o período pós-Segunda Guerra, quando muitas pessoas não podiam pagar por um café espresso. Outra versão diz que um grupo de amigos, depois de consumirem café e não sabendo ao certo a quantidade que haviam tomado, teriam deixado na cafeteria um valor maior, recomendando que o que passasse da conta ficasse em suspenso. Para conhecer um pouco mais sobre o *caffè sospeso*, escute o capítulo "Il caffè sospeso: the made in Napoli tradition" do podcast Italianando: https://italianando.com/il-caffe-sospeso-the-made-in-napoli-tradition/. O podcast está em inglês, mas você pode usar o tradutor automático de seu navegador para ler a transcrição disponível na página.

Numa abordagem crítica desse fenômeno, pode-se dizer que aquele que doa (o anfitrião), em última análise, está preocupado com o seu capital de distinção (Bourdieu, 2008). Assim, em um artigo que discute a introdução do *caffè sospeso* nos Estados Unidos, o professor italiano Francesco Buscemi (2015) aponta para uma reinvenção da tradição numa perspectiva neoliberal de apropriação do capital cultural (no caso, um "capital gastronômico") como elemento de distinção e poder.

Lembrando Marcel Mauss, de cujas ideias tratamos no primeiro capítulo, não há dádiva desinteressada. Ainda que a dádiva seja sincera, há sempre a necessidade de reconhecimento ou distinção. No entanto, também podemos ver no *caffè sospeso* a atitude altruísta de reconhecer que todas as pessoas, indistintamente, têm direito a uma bela e reconfortante xícara de café.

É compassiva e acolhedora a atitude de oferecer um café, essa bebida que nos alegra e nos deixa mais dispostos desde as primeiras horas da manhã, que nos ajuda a enfrentar um dia de trabalho ou pode ser o mote para encontros entre amigos e familiares. Uma bebida, enfim, que se tornou sinônimo de hospitalidade entre os brasileiros (e o mesmo se pode afirmar de um bolo de fubá, de uma tapioca, de uma cuia de chimarrão ou de qualquer alimento ou bebida que partilhamos com alguém). O nome disso é *comensalidade*.

Compartilhar alimentos ou bebidas é uma das primeiras manifestações de hospitalidade. Em qualquer época e cultura, o ato de "comer junto" (isto é, a comensalidade) se reveste de uma dimensão ritual. E é por meio da ritualística da comensalidade que desenvolvemos a sociabilidade, a convivência e, claro, a hospitalidade.

A palavra "comensal" vem do latim *commensalis*, que remete à mesa (*mensa*). No entanto, comensal é todo aquele que faz uma refeição com outro, mesmo não estando à mesa, como no caso das culturas que não a utilizam. Assim, o comensal se define pela presença do outro com quem se partilha o alimento, e não há comensalidade quando nos alimentamos sozinhos. É na relação com o outro, na partilha do alimento, que se estabelece uma conexão, um entendimento. É precisamente isso que as pessoas esperam em diferentes contextos, como um despretensioso café, um aniversário ao redor de um bolo, uma ceia familiar, um almoço de negócios ou um jantar romântico.

Podemos dizer que a comensalidade é um convite à hospitalidade, assim, o comensal assume a figura do hóspede (Boutaud, 2011). Isso é particularmente importante nos encontros diplomáticos, onde o alimento e a sua partilha (ou a falta deles) têm significados dentro do cerimonial (Amorim, 2008). Veja, por exemplo, a foto a seguir. Como você classificaria esse encontro entre chefes de Estado?

A mesa aproxima, mas também pode ser palco de afastamento e inospitalidade. Nesta foto de 2022, os presidentes Vladimir Putin (Rússia) e Emmanuel Macron (França) conversam sentados numa longa mesa que simboliza o distanciamento em um momento de tensão causado pelo conflito entre Rússia e Ucrânia.

Em *A mesa e a diplomacia brasileira: o pão e o vinho da concórdia*, Carlos Cabral (2008) trata da função social do banquete em diferentes momentos históricos, desde a Pré-História, quando a centralidade do alimento é evidente, visto que sobreviver é ter acesso à comida, até os contextos em que a comida vai de substância a circunstância: a comida, que é o objeto do "nutrir", essencial para a nossa existência, passa a ser o mote do "conviver", do latim *cum vivere*, "viver com". E esse conviver remete à ideia de companheirismo, *cum panis*, aquele que partilha o pão ou qualquer outro alimento.

Cabral (2008, p. 13) lembra que "a mesa tem ainda funções simbólicas, que estão além do cumprimento das necessidades primeiras do ser humano", e que, para além de restaurar nossas forças, ela pode chancelar acordos, ensejar entendimentos, celebrar uniões e até mesmo, entre os cristãos, celebrar a eucaristia.

Última ceia (1495-98), afresco de Leonardo da Vinci (1452-1519) para a igreja de Santa Maria delle Grazie, em Milão, Itália.

Cabral (2008) sublinha que a mesa diplomática se distancia da mesa familiar, onde pequenas transgressões são toleradas em favor do convívio familiar. O cerimonial diplomático é mais complexo, pois envolve afinidades, distanciamentos, objetivos e a busca de soluções para questões que podem ser tensas. A mesa diplomática pode também celebrar ações de colaboração mútua entre nações. Nesse caso, hóspede e anfitrião partilham de uma cumplicidade que, embora nem sempre agrade às duas partes, objetiva, como na mesa familiar, o entendimento.

> Na mesa familiar, a quebra de algumas regras é tolerada em favor do bem comum e da união; já na mesa diplomática, aparecida depois da primeira, nenhum deslize é permitido, pois corre-se o risco de ver esforços de anos irem por água abaixo... Em família, qualquer hora é hora para comemorar; no setor da diplomacia, tudo tem dia, local e hora para acontecer. Nada é casual, tudo é muito bem pensado e programado, porque as pessoas reunidas à mesa desempenham funções que vão muito além de suas

personalidades individuais. São Estados que banqueteiam lado a lado (Cabral, 2008, p. 14).

A mesa diplomática, cercada de regras e protocolos rigorosíssimos, deve favorecer os acordos por meio da suavidade e elegância. Ao mesmo tempo, é preciso apresentar as características do país anfitrião por meio de elementos que incluem a escolha do menu, das bebidas que serão servidas, da ambientação. Além disso, o visitante estrangeiro deve ter reconhecidas suas especificidades culturais e crenças, sob pena de o cerimonial incorrer num incidente diplomático que pode ser interpretado como gesto de hostilidade.

VOCÊ SABIA?

Você sabe por que o Ministério das Relações Exteriores é chamado de Itamaraty? A explicação é que a sua primeira sede, de 1898, na cidade do Rio de Janeiro, e que existe até hoje, foi construída por ordem de Francisco José da Rocha Leão, o conde de Itamaraty. Mesmo depois da transferência para a nova capital federal, Brasília, em 1970, o nome Itamaraty continua sinônimo de diplomacia, polidez e elegância.

O Itamaraty foi inicialmente a sede do governo, ainda no período republicano, entre 1889 e 1898. No ano seguinte se tornou a casa do Ministério das Relações Exteriores, e assim foi até 1970, quando o ministério foi transferido para Brasília. A nova casa herdou o nome Itamaraty.

Palácio do Itamaraty do Rio de Janeiro.

Desde a Antiguidade, a mesa é um instrumento de poder que, assim como inclui e acolhe, pode excluir ou servir de instrumento de distinção social, de gênero ou de nacionalidade. O historiador Jean-Marc Albert (2011) relaciona a mesa ao ato de governar, pois foi por meio dos banquetes que príncipes, reis e imperadores cooptaram aliados, estabeleceram acordos, tramaram suas guerras de conquista e selaram a paz entre comensais.

Na contemporaneidade, é comum que a primeira atitude de chefes de Estado ao se reunirem seja sentar-se à mesa, se não como ato primeiro, certamente em alguma etapa do cerimonial. Trata-se de um gesto público, que deve servir de símbolo, e ao mesmo tempo íntimo. Nessa ocasião, o anfitrião apresenta respeitosa e vivamente sua própria cultura, mas também se esforça para acolher o forâneo, com atenção às minúcias da cultura e do comportamento do outro. O objetivo é alcançar o entendimento e a concórdia.

PARA SABER MAIS

Caso queira saber mais sobre o conceito de "comensalidade", você pode ler o texto "Comensalidade, compartilhar a mesa", de Jean-Jacques Boutaud (2011), publicado em *O livro da hospitalidade: acolhida do estrangeiro na história e nas culturas*.

O NASCIMENTO DA GASTRONOMIA MODERNA

O século XVII foi chave para o reconhecimento de uma nova arte, a gastronomia. Como vimos no capítulo anterior, nessa época também se desenvolveu a sociedade de corte e seus rígidos protocolos (como acontecia na corte de Luís XIV), o que, consequentemente, gerou o homem cortês, a construção da etiqueta, a arte da conversação e a valorização das artes refinadas, além do conceito italiano de *sprezzatura*, uma elegância espontânea esperada do indivíduo "civilizado" a partir da modernidade.

Posteriormente, como vimos, o comportamento aristocrático influiu também no ideal burguês de indivíduo refinado, de boas maneiras e amante das artes, ávido por distinção social. Esse refinamento marcou o afastamento em relação a outras classes sociais. O "gosto" passou a se confundir com o gosto burguês.

É nesse contexto que um novo elemento, a gastronomia, cada vez mais se torna sinônimo de refinamento. O historiador Jean-Louis Flandrin (1931-2001) mostra como a própria ideia de bom gosto está associada à gastronomia. Segundo Flandrin (1998), entre o início do século XVII e início do XVIII, o verbete "paladar" desenvolve-se muito, passando a ocupar um espaço cada vez maior. Como metáfora, "gosto" passa a designar a habilidade de distinguir o "belo" do "feio" em domínios da expressão artística muito valorizados nos círculos aristocráticos e burgueses.

> Isso indica, por um lado, um forte desenvolvimento do interesse pelas belas-artes – música, pintura, escultura, arquitetura, teatro, poesia e literatura sob todas as suas formas – ao longo do século XVII. Esse interesse manifestou-se não só pela multiplicação das obras de arte, mas também pela ampla difusão do discurso crítico feito sobre as mesmas e pela valorização das pessoas de bem que, segundo se presume, conhecem esse campo. Por outro lado, o fato de tomar por empréstimo esse termo sugere que as pessoas de bem estavam preocupadas com o gosto do que comiam e não se privavam de discutir a seu respeito (Flandrin, 1998, p. 684).

Até então a cozinha era tratada como um subitem da dietética, relacionada mais com a medicina. Agora ela se desgarrava do tradicionalismo dietético ou higienista que transformara a refeição em prescrição e, ao se libertar, rumava para as artes e o prazer. Essa mudança de concepção, porém, não se dava em favor da desmesura da gula, e sim do bom gosto. Do *gourmant* ou *friand*,[2] passamos ao *gourmet*.

Essa nova sensibilidade gustativa condenará os excessos, não como outrora, por conta da associação da gula com o pecado, mas pela ideia de equilíbrio de sabores, de harmonização. Ao mesmo tempo, consonante a essa sensibilidade, nasce uma aspiração à ciência gastronômica, ora elevada à condição de arte. O pesquisador Brian Cowan, que investigou as tendências culinárias posteriores à Renascença, comenta a revolução provocada na gastronomia pela globalização, mostrando como os novos entrecruzamentos culturais deram origem às transformações culinárias:

> Por um lado, a sofisticada cultura intelectual do humanismo esforçava-se para manter e reviver os legados culinário e dietético da Antiguidade clássica. Por outro, as pressões "modernas" por mudança eram irresistíveis, especialmente em vista do crescente acesso não só a novos alimentos e a novas técnicas culinárias, mas também ao conhecimento sobre eles (Cowan, 2009, p. 197).

---

2 *Friand*, palavra francesa aqui empregada no sentido do amante ou interessado por determinado alimento. Trata-se de uma forma atenuada do *gourmant*, que é o glutão, aquele que come de forma desarrazoada.

Antes do século XIX, aponta Cowan (2009), a palavra "gastronomia" ainda não era corrente entre os países europeus. O que havia era a preocupação com a saúde por meio de uma dietética que era uma verdadeira filosofia alimentar. Com o tempo, essa filosofia vai se alterando, abrindo-se a novas experimentações e a influências culinárias de culturas diversas, o que é revelado pela avidez das "iguarias" que distinguem quem as consome.

À época, havia certo fascínio por frutos como o abacaxi, apresentado aos europeus na América, presente cobiçado nas cortes, ou pela alcachofra, do Mediterrâneo, provavelmente difundida na Europa pelos árabes (a palavra "alcachofra" deriva do árabe *al-kharxofâ*, "cardo espinhento").

O gosto (c. 1635), da série Os Cinco Sentidos, do artista francês Abraham Bosse (1604-1676), retrata o fascínio pela alcachofra entre as camadas aristocráticas da época. O fundo de alcachofra, então considerado um prato de luxo, foi descrito nas primeiras obras francesas dedicadas à culinária. Essas obras formavam um gênero editorial que marcava a distinção social pelo gosto.

É elucidativo também constatar o "papel social" das especiarias nesse ambiente. O uso indiscriminado de açafrão, cravo, noz-moscada, pimentas e até mesmo açúcar era sinônimo de sofisticação e poder desde a baixa Idade Média. Já no pós-Renascimento, a boa cozinha se revelava não no simples uso das especiarias, mas no conhecimento moderno desse uso. A intenção não era mais "mascarar" o sabor dos alimentos, mas potencializar seu sabor com o uso comedido e harmônico desses elementos. Essa foi a lição aprendida pelos cozinheiros modernos, compatível com as recomendações à moderação, à frugalidade e à temperança (outra metáfora culinária, que remete à temperatura e aos temperos).

Nesse espírito que convida à temperança e à elegância, Jean-Anthelme Brillat-Savarin (1755-1826), um juiz francês com talento tanto para as letras quanto para apreciar a boa mesa, escreveu *A fisiologia do gosto* (1825). A pretensão da obra era fundar uma nova ciência gastronômica. No início do livro, Brillat-Savarin (1995, p. 15) propõe por meio de aforismos:

> I. O Universo nada significa sem a vida, e tudo o que vive se alimenta.
>
> II. Os animais repastam; o homem come; somente o homem de espírito sabe comer.
>
> III. O destino das nações depende da maneira como elas se alimentam.
>
> IV. Dize-me o que comes e te direi quem és.

Brillat-Savarin defende a centralidade do alimento em nossas vidas e faz uma ode à boa mesa. Para ele, a gastronomia é julgamento, e para discernir entre o que é bom e ruim é preciso, além do paladar, ter um repertório. Sua "fisiologia do gosto" não se limita às preparações culinárias. Ela transcende a gastronomia, vendo-a como uma filosofia de vida e um artifício que une as pessoas ao redor da mesa. Assim, Brillat-Savarin se preocupa com tudo o que envolve a comensalidade e a hospitalidade. Para ele, "entreter um convidado é encarregar-se de sua felicidade durante o tempo todo em que estiver sob nosso teto" (Brillat-Savarin, 1995, p. 16).

> A gastronomia é o conhecimento fundamentado de tudo o que se refere ao homem, na medida em que ele se alimenta.
>
> Seu objetivo é zelar pela conservação dos homens, por meio da melhor alimentação possível (Brillat-Savarin, 1995, p. 57).

Tal definição parece muito atual, pois considera o fenômeno alimentar como multidimensional. A gastronomia, afinal, abarca história natural, aspectos físico-químicos e nutricionais, culinária, comércio, produtores, agricultores, etc. – todos esses elementos que hoje são levados em consideração pelos chamados *food studies*.[3]

Brillat-Savarin chega a fazer menção à mitologia grega a fim de integrar a gastronomia ao conjunto das musas. Segundo a mitologia grega, da união entre Zeus (que representa o poder) e Mnemosyne (a deusa da memória) nasceram nove musas, cada uma delas representando uma área das artes ou do conhecimento humano. O autor francês, inventivamente, cria a décima musa, a quem ele chama de Gastérea, a musa da gastronomia, e lhe propõe um culto particular, a ser celebrado com um faustoso banquete popular, "pois não há verdadeira festa quando o povo não participa" (Brillat-Savarin, 1995, p. 303). Nesse banquete, impera o prazer, a cordialidade e a hospitalidade.

VOCÊ SABIA?

Você sabia que o abacaxi virou um símbolo de hospitalidade? No século XVII, reinos como o da Inglaterra e da França disputavam o domínio comercial de possessões ultramarinas. No contato com esses territórios de além-mar, muitas frutas tropicais foram descobertas e caíram no gosto das cortes europeias. Entre essas frutas, estava o abacaxi. De beleza e gosto inigualáveis, e ainda com sua própria coroa, ele passou a ser dado como presente a reis, aliados e até adversários, como demonstração de poder. Durante algum tempo, somente os reis podiam destinar tal presente aos convidados. A seguir, vemos uma pintura de Albert Eckhout apresentando frutas tropicais brasileiras, com o abacaxi ao centro.

---

[3] Os *food studies*, ou estudos de alimentação, compõem um campo interdisciplinar relativamente novo que investiga o alimento considerando elementos distintos e complementares, como a história, a socioantropologia dos alimentos, a filosofia, a economia, os equipamentos, a estética do prato, os livros de culinária e as cadeias produtivas, entre outros.

Natureza-morta de frutas tropicais (c. 1641-1643), do artista holandês Albert Eckhout (1610- -1665). Vindos ao Brasil com a comitiva de João Maurício de Nassau (1604-1679), que chegou a Pernambuco em 1637, coube a Eckhout e a outro artista holandês, Frans Post, retratar o Brasil para os europeus.

A INVENÇÃO DO RESTAURANTE: ESPAÇO PRIVILEGIADO DA COMENSALIDADE

Se a gastronomia é uma musa, qual seria o templo de Gastérea? Brillat--Savarin observa que, por volta de 1770, um viajante ainda precisava recorrer às hospedarias e suas cozinhas para obter uma refeição, sempre muito limitada e com horário estrito. Os pedidos deviam ser feitos previamente, e as refeições eram padronizadas. As hospedarias mais se pareciam com tavernas medievais, e por essa razão o viajante nem sempre podia desfrutar da virtuosa cozinha francesa, que mais tarde serviria de parâmetro da boa mesa em todo o mundo.

Contudo, engenhosos empreendedores notam que a comensalidade não se resume a matar a fome, mas é também uma experiência complexa, que reúne o prazer gustativo à convivialidade. Surgem então os templos de Gastérea: os restaurantes. Brillat-Savarin (1995, p. 281) enumera uma série de vantagens que essas novas casas oferecem aos comensais:

> 1) Por esse meio, todo homem pode fazer a sua refeição à hora que lhe convém, conforme as circunstâncias em que se vê colocado por seus negócios ou seus prazeres.
>
> 2) Ele tem certeza de não ultrapassar a soma que resolveu destinar para sua refeição, porque sabe de antemão o preço de cada prato que lhe é servido.
>
> 3) Estando a conta de acordo com o seu bolso, o consumidor pode, à vontade, fazer uma refeição sólida, leve ou exótica, regá-la com os melhores vinhos franceses ou estrangeiros, aromatizá-la com café moca e licores dos dois mundos, sem outros limites a não ser o vigor de seu apetite ou a capacidade de seu estômago. O salão de um restaurante é o Éden dos gastrônomos.
>
> 4) O restaurante é também extremamente cômodo para os viajantes, os estrangeiros, para aqueles cuja família se encontra momentaneamente no campo, e para todos aqueles, em suma, que não têm cozinha em casa, ou estão momentaneamente privados dela (Savarin, 1995, p. 281).

Em *A invenção do restaurante: Paris e a moderna cultura gastronômica*, Rebecca L. Spang (2003) explica que, no século XVIII, a palavra *restaurant*, antes de designar um lugar, designava um prato, o *bouillon restaurant*, um caldo que *restaurava* as forças das pessoas. Com o nome emprestado a esse caldo, o local restaurante será portador de um conhecimento renovado, a gastronomia moderna, com suas técnicas novas que se somam ao conhecimento antigo das artes culinárias do mundo todo (no caso francês, em especial da Itália).

Muitos autores associam o nascimento do restaurante aos acontecimentos revolucionários que se iniciaram em 1789, mas Spang (2003) aponta que os restaurantes antecedem um pouco a Revolução Francesa. Revolucionários, os restaurantes contrastam, e muito, com os antigos estabelecimentos, sobretudo na individualização dos serviços, incluindo o uso dos utensílios, que passam a ser individuais: o prato, o garfo, a colher (Flandrin, 1991). Podemos citar, ainda, a intimidade das mesas separadas, o estilo mais cuidadoso da decoração, o menu, que cria a possibilidade de escolher entre várias opções de pratos, e a crescente relevância da figura do *chef de cuisine*.

Fachada do restaurante Le Procope, um dos mais antigos de Paris, frequentado por artistas, pelos enciclopedistas do Iluminismo, por revolucionários franceses e até por um dos pais fundadores dos Estados Unidos, Benjamin Franklin (1706-1790).

Soma-se a esse processo a descoberta da cozinha regional francesa, um fenômeno campesino que só se integraria à "alta cozinha" francesa a partir da maior comunicação rodoviária de acesso ao interior do país. O caso do *Guia Michelin* é emblemático nesse sentido: atendendo a uma demanda crescente de gente endinheirada com acesso a automóveis, a fabricante de pneus Michelin criou um guia turístico que trazia uma lista de restaurantes onde o viajante podia comer. Inicialmente, a publicação apenas listava lugares, mas, posteriormente, passou a trazer também avaliações, com as famosas estrelas Michelin.

Com a difusão dos restaurantes – não só na França, mas em toda a Europa e, por fim, em todo o mundo –, surgem novos formatos, tipologias e conceitos. A revolução também deu impulso ao hábito de "comer fora" entre trabalhadores urbanos, que muitas vezes têm de se sujeitar a longos deslocamentos diários. Surgem então restaurantes populares, frequentados pela classe operária, que instauram novas práticas e tornam o restaurante um espaço de convívio social.

PARA SABER MAIS

Para saber mais sobre o desenvolvimento dos restaurantes do século XVIII ao XX e conhecer a história dos "caldos restauradores", leia o texto "Nascimento e expansão dos restaurantes", de Jean-Robert Pitte (1998), parte do livro *História da alimentação*, organizado por Jean-Louis Flandrin e Massimo Montanari.

COMENSALIDADE CONTEMPORÂNEA E OS PARADOXOS DA HOSPITALIDADE

Enquanto na Inglaterra, na década de 1950, surgia o conceito de tíquete-restaurante como resposta à demanda por alimentação dos trabalhadores, nos Estados Unidos nasciam os fast foods, derivados dos *drive-in restaurants* (Williot; Fumey, 2023). Mais ou menos na mesma época, começaram a ser comercializados os fornos de micro-ondas, que progressivamente alcançaram lares em praticamente todo o mundo.

Como observa Felipe Fernandez-Armesto (2002), esses dois fenômenos estão relacionados. Na era dos micro-ondas (e com a oferta de produtos industrializados), cada integrante da família pode comer a hora que desejar, o que enfraquece as conexões sociais estabelecidas pelas refeições em conjunto, antes fundamentais para fortalecer os laços e educar as crianças. De modo semelhante, os fast foods, que atendem a uma sociedade *fast life*, de ritmo acelerado, também desestruturam um processo muito antigo de socialização por meio das refeições. Segundo Fernandez-Armesto (2010), que sugere um paralelo entre o processo civilizatório e o ato de cozinhar, foi por meio dessa socialização em torno do alimento que nossos antepassados se humanizaram e contribuíram para o desenvolvimento da civilização e da urbanidade. Assim, a "desritualização" do ato de comer pode ser encarada como um processo de desagregação que leva à solidão:

> A solidão dos que comem fast food torna as pessoas incivilizadas. A comida está perdendo o seu caráter social. Nos domicílios do micro-ondas, a cozinha caseira está condenada. A vida familiar se fragmentará se as pessoas deixarem de compartilhar suas refeições, pois, como disse Carlyle, "se a alma é uma espécie de estômago, o que é a comunhão espiritual senão o comer junto?" (Fernandez-Armesto, 2010, p. 45).

Fernandez-Armesto considera que o fast food assumiu outras formas em outros momentos da história, atendendo, como hoje, diferentes faixas socioeconômicas. A diferença, na contemporaneidade, é a influência massiva de uma indústria da alimentação que supre uma enorme demanda por conveniência e praticidade.

Hoje também há uma profusão de tipologias que vão da comida de rua aos food trucks, que durante algum tempo foram uma febre urbana. Além disso, temos tendências que atendem a diferentes apelos, como saudabilidade, recusa da crueldade animal e preferência por alimentos locais – vegetarianismo, veganismo, locavorismo e flexitarianismo (*low-meat diet*), que preconiza a diminuição do consumo de carne, apenas para citar algumas tendências.

Alguns movimentos dão fôlego ao ativismo alimentar, valorizando a agricultura familiar, o extrativismo responsável e a comensalidade. Esse é o caso do movimento slow food, que defende o momento da comensalidade e formas tradicionais, orgânicas, biodinâmicas e agroecológicas de produzir alimentos. Assim, mesmo na era dos smartphones e do fast food, há iniciativas que visam valorizar a experiência do comensal, pensando numa abordagem de hospitalidade em relação às pessoas, às comunidades e à natureza.

SUGESTÃO

Um dos aforismos mais famosos de Brillat-Savarin (1995) é o de número IX: "A descoberta de um novo manjar causa mais felicidade ao gênero humano que a descoberta de uma estrela". A frase é mencionada no filme *O sabor da vida*, ganhador do prêmio de melhor direção no Festival de Cannes 2023. Livremente baseado no livro *A vida e a paixão de Dodin-Bouffant, gourmet*, de Marcel Rouff, o filme tem como inspiração a vida de Brillat-Savarin. Ambientada em 1885, a produção mostra como à época se pensava a gastronomia na França.

Escaneie o código QR a seguir para assistir ao trailer do filme:

Jovens confraternizando com alimentos e bebidas em frente a um food truck, veículo adaptado para transportar, preparar e vender comida. Um food truck pode atender a múltiplos apelos, servindo desde fast food com insumos ultraprocessados até alimentos orgânicos e bebidas de produção artesanal, de base localista.

Crédito: luckybusiness/Adobe Stock.

ARREMATANDO AS IDEIAS

Neste capítulo abordamos a importância da comensalidade como convite à hospitalidade, tanto do ponto de vista da vida social e do convívio entre as pessoas como dos relacionamentos diplomáticos. Discutimos também o desenvolvimento da gastronomia moderna e o surgimento de seu principal palco, o restaurante, equipamento que fomentou um novo fenômeno social – o "comer fora" – em diferentes contextos e classes sociais. Finalmente, indagamos: há espaço para a comensalidade nos dias de hoje? Abordamos suas características e paradoxos na contemporaneidade e o ativismo alimentar. De certo modo, apesar dos paradoxos e até contradições da alimentação contemporânea, a comensalidade resiste como uma das manifestações mais sólidas da hospitalidade.

REFERÊNCIAS

ALBERT, J.-M. **Às mesas do poder**: dos banquetes gregos ao Eliseu. São Paulo: Editora Senac São Paulo, 2011.

AMORIM, C. Apresentação. *In*: CABRAL, C. **A mesa e a diplomacia brasileira**: o pão e o vinho da concórdia. São Paulo: Editora de Cultura, 2008.

BOURDIEU, P. **A distinção**: crítica social do julgamento. São Paulo: Edusp; Porto Alegre: Zouk, 2008.

BOUTAUD, J.-J. Comensalidade, compartilhar a mesa. *In*: MONTANDON, Alain (dir.). **O livro da hospitalidade**: acolhida do estrangeiro na história e nas culturas. São Paulo: Editora Senac São Paulo, 2011.

BRILLAT-SAVARIN. **A fisiologia do gosto**. São Paulo: Companhia das Letras, 1995.

BUSCEMI, F. How 'il caffè' sospeso' became 'suspended coffee': the neoliberal re-'invention of tradition' from Bourdieu to Bourdieu. **European Journal of American Culture**, v. 34, n. 2, p. 123-136, 2015.

CABRAL, C. **A mesa e a diplomacia brasileira**: o pão e o vinho da concórdia. São Paulo: Editora de Cultura, 2008.

COWAN, B. Novos mundos, novos sabores: tendências culinárias pós-Renascimento. *In*: FREEDMAN, P. (org.). **A história do sabor**. São Paulo: Editora Senac São Paulo, 2009.

FERNANDEZ-ARMESTO, F. **Comida**: uma história. Rio de Janeiro: Record, 2010.

FERNANDEZ-ARMESTO, F. Ruínas do micro-ondas. **Folha de São Paulo**, São Paulo, 20 out. 2002. Disponível em: https://www1.folha.uol.com.br/fsp/mais/fs2010200205.htm. Acesso em: 11 jun. 2024.

FLANDRIN, J.-L. A distinção pelo gosto. *In*: CHARTIER, R. (org.). **História da vida privada, 3**: da Renascença ao Século das Luzes. São Paulo: Companhia das Letras, 1991.

FLANDRIN, J.-L. Da dietética à gastronomia, ou a libertação da gula. *In*: FLANDRIN, J.-L; MONTANARI, M. (org.). **História da alimentação**. São Paulo: Estação Liberdade, 1998.

MAUSS, M. **Ensaio sobre a dádiva**: forma e razão da troca nas sociedades arcaicas. São Paulo: Cosac Naify, 2013.

MONTANDON, A. (dir.). **O livro da hospitalidade**: acolhida do estrangeiro na história e nas culturas. São Paulo: Editora Senac São Paulo, 2011.

PITTE, J.-R. Nascimento e expansão dos restaurantes. *In*: FLANDRIN, J.-L.; MONTANARI, M. (org.). **História da alimentação**. São Paulo: Estação Liberdade, 1998. p. 751-762.

REY, A (dir.). **Le Robert dictionnaire d'aujourd'hui**: langue française, histoire, géographie, culture générale. Paris: Dictionnaires Le Robert, 1993.

ROUFF, M. **A vida e a paixão de Dodin-Bouffant, gourmet**: o sabor da vida. Rio de Janeiro: Nova Fronteira, 2024.

SPANG, R. L. **A invenção do restaurante**: Paris e a moderna cultura gastronômica. Rio de Janeiro: Record, 2003.

WILLIOT, J.; FUMEY, G. **História da alimentação**. Petrópolis: Vozes, 2023.

CAPÍTULO 5

Espaços da hospitalidade

Guernica (1937), do pintor espanhol Pablo Picasso (1881-1973), no Museu Reina Sofía, em Madri.

É muito provável que você conheça ou já tenha visto alguma reprodução de *Guernica*, uma das obras mais famosas de Pablo Picasso. Observe-a atentamente. Que sentimentos ela provoca? Originalmente, ela foi encomendada pelo governo republicano da Espanha para decorar o pavilhão espanhol na Exposição Mundial de Paris em 1937. O quadro, de dimensões monumentais (349,3 × 776,6 cm), teve seu plano original alterado depois de Picasso se sentir profundamente impactado pelos bombardeios aéreos à cidade espanhola de Guernica.

A cidade foi bombardeada pela aviação de guerra nazifascista, alemã e italiana, em apoio aos nacionalistas espanhóis que desejavam derrubar o governo republicano e instaurar uma ditadura. Com a vitória dos nacionalistas em 1939 e a instalação da ditadura de Francisco Franco, Picasso determinou que a obra deveria ficar sob custódia do Museu de Arte Moderna de Nova York (MoMA) até que a democracia voltasse ao seu país. Essa concessão, que foi estendida por tempo indeterminado, fez com que a obra só retornasse à Espanha em 1981. Picasso, que morreu em 1973, não pôde assistir ao retorno do quadro à terra natal.

Embora Picasso nunca tenha abordado explicitamente o tema de *Guernica* (este sequer era o título original da obra), desde que se tornou pública, a pintura foi compreendida como um protesto ao bombardeio à cidade espanhola, aos horrores da guerra civil e a todo tipo de guerra.

Guernica nos provoca a pensar sobre o papel da arte em nossas vidas e dos equipamentos destinados à sua salvaguarda: galerias de arte, museus e centros culturais, entre outros lugares que podem ser entendidos como "lugares de memória" (Nora, 2012). Ou, dito de outro modo, lugares de hospitalidade da memória pessoal e coletiva, de interpretações e reflexões possíveis a partir da contemplação da arte.

DAS MUSAS AOS MUSEUS: HOSPITALIDADE E PATRIMÔNIO CULTURAL

É comum usarmos a expressão "peça de museu" para nos referirmos a coisas ou ideias ultrapassadas, sem espaço ou utilidade para o nosso tempo. A analogia supõe uma ideia de museu como lugar destinado a colecionar elementos da cultura material de tempos passados sem critérios bem definidos ou a serviço de um projeto político de grupos dominantes. E, com efeito, grande parte dos museus correspondiam a essa ideia, hoje ultrapassada. Há, porém, excelentes equipamentos públicos (ou de interesse público) que valorizam a memória e a história. Mas, antes de conhecer alguns deles, vamos partir de uma pergunta: afinal, o que é um museu?

Uma das referências consagradas pela tradição tem origem no grego, *museion*, "a morada das musas". Ao todo, como já mencionado no capítulo anterior, eram nove as musas gregas, filhas de Zeus e Mnemosyne, a deusa da memória. Cada uma delas representava uma área das artes e do conhecimento humano: Terpsícore, a dança; Melpômene, a tragédia e o canto; Tália, a comédia e a poesia bucólica; Urânia, a astronomia; Euterpe, a poesia lírica, a música e a canção; Erato, a poesia de amor; Polímnia, os hinos sagrados; Calíope, a poesia épica; e, finalmente, Clio, a história.

Clio, como se vê na estátua da foto a seguir, é sempre representada com um livro e uma trombeta. O livro simboliza o conhecimento e a necessidade de registrar os acontecimentos históricos; a trombeta simboliza a proclamação dos feitos gloriosos (Clio deriva de **κλέος**, *kleos,* palavra que pode ser traduzida como "glória"). Ela é filha da memória, Mnemosyne, e do poder, Zeus, que simbolicamente é aquele que seduz a memória e pode até a manipular.

Monumento do século XVIII ao historiador e poeta Nikolai Karamzin (1766-1826), em Ulianovsk, Rússia. O monumento é adornado por uma estátua em bronze de uma das nove musas da mitologia grega: Clio, a musa da história.

Da era moderna ao século XIX, os antiquários se proliferam na Europa. Desde a Renascença há certo fascínio pela antiguidade clássica e suas obras de arte. O termo "museu", como o conhecemos hoje, no sentido de guardião de coleções de antiquário, é uma invenção do século XVIII (Choay, 2001). Essa invenção está ligada ao projeto iluminista, que desejava, especialmente na França, democratizar o conhecimento – inicialmente por meio do trabalho dos *antiquaires*, verdadeiros especialistas do espólio da arte antiga, e, depois da Revolução Francesa, por meio dos museus, que faziam parte de um projeto nacional.

> O Museu, que recebe seu nome mais ou menos ao mesmo tempo que o monumento histórico, institucionaliza a conservação material das pinturas, esculturas e objetos de arte antigos e prepara o caminho para a conservação dos monumentos da arquitetura (Choay, 2001, p. 62).

Pierre Nora (1993) vê os museus como "lugares da memória", que trazem a experiência do "não vivido", daquilo que é de outro tempo e instaura um triplo sentido, material, simbólico e funcional. Tais lugares emergem da constatação de que a memória está em nosso tempo, ainda que esfacelada, cindida e talvez esquecida. Nesse sentido, esses lugares substituem os meios de memória (aquilo que seria lembrado se por acaso pertencesse ao corrente, ao cotidiano, aquilo que vivenciamos em nosso dia a dia) e os reordenam, dotando-os de um sentido, de uma história. Neles há um movimento, como aponta Ulpiano Bezerra de Meneses (1994), "do teatro da memória ao laboratório da História".

A "aceleração" da história, isto é, a sensação de que tudo parece se diluir no ritmo frenético do mundo globalizado, numa alteração abissal do mundo ante o capitalismo moderno, cria uma espécie de compressão do tempo--espaço (Harvey, 2010). Essa aceleração dilui o sentimento de pertença a uma comunidade, identidade ou história e nos direciona à indigência do individualismo e do consumismo. Talvez por isso os "lugares de memória" fascinem tanto, pela ideia de assegurarmos a memória daquilo que não mais vivemos, pois se "habitássemos ainda nossa memória, não teríamos necessidade de lhe consagrar lugares. Não haveria lugares porque não haveria memória transportada pela história" (Nora, 1993).

Pierre Nora (1993) mostra as diferenças e complementaridades dos conceitos de memória e história. A memória é a vida em constante presença e evolução, suscetível ao esquecimento, a manipulações e a rupturas, mas sempre sacralizada e alicerçada no absoluto, na totalidade. A história é sempre uma reconstrução, uma atividade intelectual, uma disciplina que, por meio de pesquisas, relativiza os fatos, mas sempre buscando continuidades e permanências. Mesmo quando flagra rupturas, a história atribui um sentido a elas e dá contornos mais nítidos ao espírito de uma época, a um tema, a um processo histórico. Segundo Pierre Nora (1993, p. 9):

> A história, porque operação intelectual e laicizante, demanda análise e discurso crítico. A memória instala a lembrança no sagrado, a história a liberta, e a torna sempre prosaica. A memória emerge de um grupo que ela une, [...] ela é, por natureza, múltipla e desacelerada, coletiva, plural e individualizada. A história, ao contrário, pertence a todos e a ninguém, o que lhe dá uma vocação para o universal. A memória se enraíza no concreto, no espaço, no gesto, na imagem, no objeto. A história só se liga às continuidades temporais, às evoluções e às relações das coisas. A memória é um absoluto e a história só conhece o relativo (Nora, 1993, p. 9).

Numa concepção mais atual, a função do museu não é apenas conservar objetos, coleções de antiquários ou arte antiga, mas dar sentido a elementos constitutivos de uma memória não mais íntima e pessoal, mas coletiva e identitária. O museu deixa de ter como objeto só o que é considerado arte propriamente, abrangendo uma cultura material ou imaterial remissiva a um modo de vida, a uma memória que se esfacelou pela aceleração do tempo presente. Idealmente, o museu também pode ser (ou deve ser) espaço de contestação de uma história única, propondo uma nova historiografia que eventualmente contrarie o contexto de sua criação, assim caracterizado por Françoise Vergès (2023, p. 7) em *Decolonizar o museu*:

> O museu ocidental é aquele tipo estranho de lugar onde podemos encontrar no mesmo espaço quadros, objetos, móveis e estátuas de vários continentes e várias épocas [...]. Essa instituição, associada à grandeza da nação, nasceu sob a sua forma atual no século XVIII – o século das revoluções [...].

O fato de o museu ter nascido sob a égide da revolução não o torna revolucionário. Frequentemente apresentado como um local de neutralidade, o museu é também alvo de protestos por apresentar o triunfo do colonialismo e uma história oficial eurocentrada que desconsidera outras memórias e histórias possíveis:

> O museu realizou uma formidável inversão retórica, dissimulando os aspectos conflituosos e criminosos de sua história e apresentando a si mesmo como um depósito do universal, um guardião do patrimônio da humanidade, um espaço para ser cuidado, protegido e preservado de contestações, um espaço com status de santuário, isolado das desordens do mundo (Vergès, 2023, p. 8).

Recentemente, assistimos a protestos de ativistas que escolheram museus como espaço de reivindicação, atirando alimentos ou colando-se ao vidro de proteção de obras representativas da arte ocidental. Um dos casos mais recentes ocorreu no Museu do Louvre, em 2024: a *Monalisa*, de Leonardo da Vinci, foi atingida por uma sopa arremessada por duas ativistas, que teriam dito em seguida: "O que é mais importante? A arte ou o direito a uma alimentação saudável e sustentável?". O grupo que idealizou o protesto, intitulado Riposte Alimentaire, milita em favor da segurança social, da segurança e da soberania alimentar, o que demonstra como o museu pode ser campo de disputa política e palco de reivindicações de toda ordem.

VOCÊ SABIA?

Você sabia que em São Paulo, no parque Ibirapuera, há um museu dedicado à cultura africana e sua influência no Brasil? O Museu Afro Brasil Emanoel Araujo tem um acervo de mais de 8 mil obras, entre pinturas, gravuras, documentos, fotografias e peças etnológicas. O objetivo do museu é "promover o reconhecimento, valorização e preservação do patrimônio cultural brasileiro, africano e afro-brasileiro e sua presença na cultura nacional" (Museu Afro Brasil Emanoel Araujo, [2015]). Lá, visite a Biblioteca Carolina Maria de Jesus, cuja coleção é especializada em escravidão, tráfico de escravos e abolição da escravatura na América Latina, Caribe e Estados Unidos.

Item da coleção do Museu Afro Brasil, uma carcaça de embarcação que fazia o traslado dos escravizados dos "navios tumbeiros" aos portos brasileiros.

PARA SABER MAIS

A Constituição Federal de 1988 ampliou a definição oficial de patrimônio, substituindo o termo "patrimônio histórico e artístico" por "patrimônio cultural brasileiro". A alteração incorporou o conceito de referência cultural e definiu os bens passíveis de reconhecimento, sobretudo os de caráter imaterial. Para conhecer melhor o conceito de "patrimônio cultural brasileiro" e saber quais são nossos patrimônios históricos tombados e patrimônios imateriais registrados, visite o site do Instituto do Patrimônio Histórico e Artístico Nacional (Iphan), onde também é possível conhecer nossos patrimônios culturais e naturais mundiais, reconhecidos pela Organização das Nações Unidas para Educação, Ciência e Cultura (Unesco).

GALERIAS DE ARTE, MUSEUS E CENTROS CULTURAIS COMO ESPAÇOS DE SOCIABILIDADE

Os museus se tornaram instituições que promovem relações culturais, protegem o patrimônio histórico e difundem identidades. Essas novas funções têm aumentado o interesse do grande público. A gestão dos museus, porém, enfrenta inúmeros desafios de financiamento, administração e relacionamento público-privado, além de continuamente ter que responder a questionamentos mais amplos: por que e de que maneira preservar? O que difundir? E, especialmente, para quem?

O patrimônio cultural que os museus passaram a proteger abarca elementos muito variados. Como pontua Françoise Benhamou (2016, p. 11), uma das principais pesquisadoras da economia da cultura:

> Mansões e moradias antigas, relíquias, castelos, dólmens, gastronomia, línguas e saberes. O patrimônio cultural constitui-se de bens heterogêneos tangíveis e intangíveis cuja base comum é a referência à história ou à arte. O patrimônio é vivo, permanentemente em processo, e sua configuração constitui-se por meio das relações que uma sociedade mantém com sua história.

A importância de proteger esse patrimônio, bem como do vínculo entre a sociedade e os equipamentos que hospedam a memória, a cultura e a história de um país, pode ser verificada em contextos absolutamente catastróficos. Em 2018, um incêndio de proporções gigantescas atingiu um dos principais museus brasileiros, o Museu Nacional, que teve a sua estrutura abalada e perdeu cerca de 85% do seu acervo original. O museu, administrado pela Universidade Federal do Rio de Janeiro, também abrigava o trabalho de muitos pesquisadores, que tiveram seus esforços consumidos pelo fogo.

O incêndio, que gerou comoção dentro e fora do Brasil, provocou também reparações históricas. O Museu Nacional da Dinamarca doou ao museu brasileiro um manto tupinambá raríssimo, um dos poucos ainda existentes no mundo (todos em posse de museus na Europa), e que fora levado do Brasil por conquistadores ou viajantes europeus. O manto foi catalogado pelo Museu Nacional da Dinamarca em 1689, e a instituição o exibia com enorme destaque, junto com aproximadamente outros 2 mil itens de povos originários do Brasil. A peça é confeccionada com penas de guará, ave típica do litoral da América do Sul, cuja alimentação à base de crustáceos deixa sua plumagem vermelho-brilhante. O artefato é considerado sagrado e de uso cerimonial entre o povo tupinambá, que comemorou a notícia de sua devolução ao solo brasileiro.

Além do manto agora sob guarda do Museu Nacional do Rio de Janeiro, há dez mantos tupinambás em acervos de museus europeus. Na foto, o manto tupinambá dos Museus Reais de Arte e História, em Bruxelas, Bélgica.

A recondução do manto tupinambá ao Brasil exemplifica um movimento mais amplo de reconhecimento e reparação da pilhagem colonial promovida no passado pelos europeus. Recentemente, várias instituições têm reconhecido a importância de devolver artefatos aos seus territórios de origem. Entende-se que essas peças são fundamentais para refletir sobre processos históricos locais, o que tem motivado a repatriação de milhares de peças museológicas. Como observa András Szántó (2022, p. 19):

> As instituições culturais novamente enfrentaram um ajuste de contas por terem sido coniventes, voluntária ou involuntariamente, com os saques coloniais de artefatos e a perpetuação da injustiça racial. Esse novo escrutínio reavivou e intensificou antigas críticas sobre a ética dos museus.

Em outra perspectiva, museus podem ter uma abordagem mais diversa e acessível, transformando-se em equipamentos de hospitalidade da memória e da história. Aspirando à acessibilidade universal, esses espaços podem contemplar em seu acervo representatividades antes silenciadas, que não tinham voz na história contada pelas instituições museológicas.

Um exemplo magnífico é o do Museu Paulista, hospedado desde 1895 no Parque do Ipiranga e recentemente restaurado e ampliado. Na era republicana, o Museu Paulista serviu ao propósito de contar uma história gloriosa de São Paulo: o desbravamento dos "sertões" do interior, a riqueza do café, o desenvolvimento da indústria. Os protagonistas eram os bandeirantes e a elite paulistana. Pouca atenção era dada a uma outra história que inclui a resistência dos escravizados (indígenas e africanos), os embates dos trabalhadores imigrantes, as lutas da classe operária.

Vista aérea do Museu Paulista (também conhecido como Museu do Ipiranga), administrado pela Universidade de São Paulo (USP) desde 1963. Museu público mais antigo de São Paulo, compreende também o Monumento à Independência e o jardim francês do Parque do Ipiranga.

Ao abrir o site do Museu Paulista, vemos o seguinte texto: "Museu do Ipiranga: bem-vindo a uma nova história". A mensagem de boas-vindas prenuncia uma nova abordagem, novos objetos e novos questionamentos de um museu que pretende ser efetivamente mais acessível e inclusivo. Entre as inovações estão: rampas, elevadores, impressões em 3D de pinturas e esculturas (para proporcionar uma experiência tátil a pessoas com deficiência visual) e audiodescrição, entre outras. O ponto comum a essas inovações é o esforço de construir um museu mais acessível e diverso, não só em suas instalações, mas também em suas temáticas e na inclusão de atores antes silenciados, mas agora presentes nas exposições e no acervo, convidando um grupo mais amplo a se apossar da história contada pelo museu.

PARA SABER MAIS

O restauro do Museu Paulista durou cerca de dez anos e resultou num dos museus mais bem equipados do Brasil. Para saber mais sobre o processo, assista ao vídeo "O Museu do Ipiranga revive", do programa *Ciência para Todos*, do Canal Futura:

CULTURA DIGITAL, METAVERSO, IA E CIBERESPAÇOS DE HOSPITALIDADE

O século XXI trouxe várias possibilidades de acesso a bens culturais de maneira remota, por meio de experiências imersivas possibilitadas por novas tecnologias. Um exemplo disso é o que se tem chamado de metaverso: um ambiente onde imagens tridimensionais simulam a realidade. Esses ambientes podem ser acessados através de videogames, computadores conectados à internet ou óculos especiais que modificam espaços predeterminados. Outro exemplo de experiência imersiva são exposições visuais como as do Google Arts & Culture.

Nesse contexto, para pensar novas abordagens de patrimônio, de história e de equipamentos museológicos (sejam físicos, em edificações ou a céu aberto, sejam digitais) é útil conhecer a nova definição de museu proposta em 2019 pelo Conselho Internacional de Museus. Reunido no Japão, o conselho trouxe a seguinte atualização:

> Museus são espaços democratizantes, inclusivos e polifônicos que contribuem para o diálogo crítico sobre os passados e os futuros. Ao reconhecer e abordar os conflitos e desafios do presente, eles mantêm em segurança artefatos e espécimes para a sociedade, salvaguardam memórias diversas para as gerações futuras e garantem a todos a igualdade de direitos

> e a igualdade de acesso ao patrimônio. Museus não visam ao lucro. São participativos e transparentes e trabalham em parceria com as diversas comunidades e para elas nos processos de coleção, preservação, pesquisa, interpretação, exibição e ampliação das formas de entender o mundo, com o objetivo de contribuir para a dignidade humana e a justiça social, a igualdade e o bem-estar planetário (Conselho Internacional de Museus *apud* Szántó, 2022, p. 15).

As instituições museológicas não se limitam mais a suas atribuições tradicionais e necessárias, como coleta, pesquisa, preservação, interpretação e exposição de artefatos tradicionalmente consagrados como constitutivos da identidade de um grupo social. Atualmente, espera-se que tais instituições dialoguem com a sociedade, sejam mais inclusivas, diversas, e atinjam o maior número de pessoas possível. Nesse sentido, os recursos tecnológicos podem ampliar o seu alcance, promovendo um diálogo entre presente, passado e futuro por meio de ciberespaços de hospitalidade – considerando, naturalmente, o uso ético de novas tecnologias e respeitando os limites da experiência gerada, por exemplo, pela inteligência artificial (IA), que não pode prescindir de regulamentação e tratamento crítico por parte de todos.

Um caso interessante, que mostra as potencialidades do museu atual, é o do Museu do Amanhã. Localizado na cidade do Rio de Janeiro, o Museu do Amanhã questiona os desafios e as possibilidades do presente e do futuro (especialmente do futuro, como indica o seu nome), apresentando-se como um ambiente propício a explorações sobre diferentes temas, mas necessariamente construído pela coletividade. Essa construção coletiva se dá por meio das nossas intervenções como espécie humana, que causam impactos no meio ambiente e se relacionam com as mudanças climáticas.

A exposição principal do Museu do Amanhã é estruturada em cinco grandes áreas: "Cosmos", "Terra", "Antropoceno", "Amanhãs" e "Nós". "Cosmos" aborda a nossa origem a partir da visão de que somos feitos da mesma matéria que compõe as estrelas e nos conecta com o Universo. "Terra" aborda a tríade matéria, vida e pensamento. "Antropoceno" considera a ação humana uma "força geológica" capaz de promover alterações no clima e na biodiversidade terrestre. "Amanhãs" explora o impacto de novas tecnologias e tendências e a interconectividade que afeta a todos. O itinerário, que no total soma mais de quarenta experiências, se encerra com a narrativa do ciclo "Nós", que provoca o visitante a pensar que o "amanhã" se constrói no momento presente e que nossas escolhas são constitutivas e provocadoras do nosso futuro.

Museu do Amanhã, localizado na Praça Mauá, na cidade do Rio de Janeiro. O museu foi projetado pelo prestigiado arquiteto espanhol Santiago Calatrava. O museu nos convida a pensar sobre como queremos construir os próximos cinquenta anos.

Igualmente interessante e inovador é o Museu da Língua Portuguesa, que literalmente renasceu das cinzas em 2021, depois de um incêndio ocorrido em 2015 que destruiu boa parte do seu prédio, anexo à emblemática Estação da Luz, ponto de passagem de diferentes sotaques, culturas e nacionalidades que formaram o Brasil. O Museu da Língua Portuguesa nos conduz a uma fascinante viagem pela diversidade de nosso idioma, demonstrando como ele hospeda inúmeras influências, de Roma aos árabes, dos povos vindos da África às inúmeras contribuições dos povos originários do Brasil. Um museu vivo, moderno e vibrante que utiliza recursos tecnológicos para fascinar seus visitantes.

Fachada do Museu da Língua Portuguesa, que integra o complexo da Estação da Luz, em São Paulo.

SUGESTÃO

Acesse o Museu do Ipiranga Virtual, instale o aplicativo e faça uma visita virtual ao museu. Você pode escolher seu avatar para um passeio no jardim francês, montar quebra-cabeças com obras do acervo ou visitar as exposições *Personagens da Independência* e *Dirigíveis de Santos Dumont*.

ARREMATANDO AS IDEIAS

Neste capítulo, indagamos sobre o papel da arte e de lugares que preservam a memória, a construção da história e a importância de patrimônios materiais e imateriais. Abordamos ainda as várias faces dos equipamentos museológicos e os discursos em disputa sobre esses equipamentos e vimos as novas possibilidades de uso de tecnologias aplicadas à hospitalidade da memória e da história – possibilidades que trazem consigo novos desafios.

REFERÊNCIAS

BENHAMOU, F. **Economia do patrimônio cultural**. São Paulo: Edições Sesc São Paulo, 2016.

CHOAY, F. **A alegoria do patrimônio**. São Paulo: Estação Liberdade, 2001.

GAGNEBIN, J. M. **Sete aulas sobre linguagem, memória e história**. Rio de Janeiro: Imago, 1997.

HARVEY, D. **A condição pós-moderna**: uma pesquisa sobre as origens da mudança cultural. São Paulo: Loyola, 2010.

LE GOFF, J.; NORA, P. (dir.). **História**: novas abordagens. Rio de Janeiro: Francisco Alves, 1988a.

LE GOFF, J.; NORA, P. (dir.). **História**: novos objetos. Rio de Janeiro: Francisco Alves, 1988b.

LE GOFF, J.; NORA, P. (dir.). **História**: novos problemas. Rio de Janeiro: Francisco Alves, 1995.

MENESES, U. T. B. de. Do teatro da memória ao laboratório da História: a exposição museológica e o conhecimento histórico. **Anais do Museu Paulista**, São Paulo, v. 2, n. 1, p. 9-42, 1994. Disponível em: https://www.revistas.usp.br/anaismp/article/view/5289. Acesso em: 15 jun. 2024.

MUSEU AFRO BRASIL EMANOEL ARAUJO. **Missão, visão e valores**. São Paulo, [2015]. Disponível em: www.museuafrobrasil.org.br/o-museu/missão-visão-e-valores. Acesso em: 16 jun. 2024.

MUSEU DO IPIRANGA. [**Página inicial**]. São Paulo, 2024. Disponível em: https://museudoipiranga.org.br/. Acesso em: 16 jul. 2024.

NORA, P. Entre memória e história: a problemática dos lugares. **Projeto História**, São Paulo, v. 10, 1993. Disponível em: https://revistas.pucsp.br/index.php/revph/article/view/12101. Acesso em: 8 jun. 2024.

SUANO, M. **O que é museu**. São Paulo: Brasiliense, 1986.

SZÁNTÓ, A. **O futuro do museu**: 28 diálogos. Rio de Janeiro: Cobogó, 2022.

VERGÈS, F. **Decolonizar o museu**: programa de desordem absoluta. São Paulo: Ubu, 2023.

WALTHER, I. F. **Pablo Picasso, 1881-1973**: o génio do século. Köln: Taschen, 2000.

CAPÍTULO 6

Hospitalidade privada e hospitalidade pública

Pessoas caminham sobre uma faixa de pedestre. Uma cena urbana, trivial, que poderia ser de qualquer cidade do mundo. Mas, afinal, o que é uma cidade?

"Fruto da imaginação e trabalho articulado de muitos homens, a cidade é uma obra coletiva que desafia a natureza": com essas palavras, a arquiteta e urbanista Raquel Rolnik (1995, p. 8) nos ajuda a compreender o que são as cidades e por que elas provocam tanto fascínio, mas também dor. A cidade nasce com uma vocação coletiva, fruto do processo de sedentarização, filha de uma das maiores revoluções da saga humana, a revolução neolítica. Essa revolução, que estabeleceu novas bases para a relação entre humano e natureza, é a um só tempo agrícola, dada a necessidade de estabelecer uma sede para o cultivo da terra, e urbana, a partir da divisão de tarefas e o desenvolvimento de atividades cada vez mais complexas, que foram moldando a vida social.

CIDADES MODERNAS: DO ACOLHIMENTO À EXCLUSÃO

A cidade antiga (a pólis grega ou a urbe romana), sede de templos e morada de deuses, ao se organizar administrativa, política e militarmente, tinha o propósito de acolher os seus, prover-lhes alimento e zelar por sua segurança. Nasce aí a ideia do cidadão, aquele que goza da proteção da cidade e tem direito ao exercício da cidadania e da política. Esse direito não é necessariamente outorgado por lei, mas baseado em um reconhecimento de pertença ao lugar e da posição do cidadão numa sociedade cuja razão de ser é zelar por sua proteção e bem-estar.

Nesse entendimento, a cidade é ou deveria ser sinônimo de acolhimento e gozo. Abrigar-se no interior dos seus muros era estar protegido. Não por acaso, as cidades antigas eram muradas, e a entrada só era franqueada a quem lhe pertencesse, a quem fosse convidado a entrar ou a quem portasse uma téssera, símbolo de hospitalidade que vimos no segundo capítulo deste livro.

Outra possibilidade para adentrar a cidade era usar algum subterfúgio. Um exemplo clássico é encontrado na poesia de Homero: o ardil empregado por Odisseu (ou Ulisses, seu nome latino) para penetrar a inexpugnável cidade de Troia. Dentro de um enorme cavalo de madeira, entregue aos troianos como um presente, os helenos (gregos) foram conduzidos ao interior da cidade e puderam derrotar seus rivais.

Ruínas das muralhas de uma cidade grega antiga na ilha de Tasos. Devido às constantes guerras, saques e pilhagens, a cidade não podia prescindir de muros. Seu interior era sinônimo de proteção.

A cidade moderna já não tem muralhas visíveis. O tempo não é mais de saques, de pilhagens ou de guerras no sentido clássico (embora a todo tempo tenhamos guerras em algum lugar). E, felizmente, hoje a ideia de cidadania é mais abrangente: não inclui apenas homens nascidos na cidade, por oposição às mulheres, aos escravizados (estes sem direito algum) e aos estrangeiros ("metecos", como eram chamados no mundo grego antigo). Mas isso não significa que a cidade moderna também não esteja cheia de obstáculos e invisibilidades.

No mundo antigo, o acolhimento ao estrangeiro era uma lei não escrita. O forasteiro podia ser objeto de uma hospitalidade genuína, oferecida como dádiva dentro da relação indissociável entre a vida material e política das cidades. Na contemporaneidade, embora os estrangeiros tenham o direito de ser acolhidos, nem sempre a efetividade desse direito é garantida. Imigrantes, refugiados e em alguns casos até turistas são tratados com hostilidade.

E a cidade moderna pode ser hostil não só com o viajante ou o estrangeiro, mas também com todos aqueles que se encontram em condições precárias, como pessoas em situação de rua ou pertencentes a grupos que sofrem com perseguições e exclusão. As metrópoles contemporâneas criam novas muralhas, invisíveis e visíveis, como nos condomínios, que oferecem segurança a seus moradores criando separações.

Vista aérea da favela de Paraisópolis, emoldurada por edifícios do Morumbi, bairro que abriga residências consideradas de "alto padrão".

A cidade pode expulsar de espaços públicos ou privados os cidadãos considerados indesejados em determinado contexto. Nessa passagem da cidade que acolhe para a cidade que expulsa, a arquitetura tem papel fundamental. "Arquitetura hostil", "arquitetura do medo", gentrificação,[1] financeirização das moradias e produção de invisibilidades: há diversas formas de desconsiderar ou não acolher o outro. E a essas formas têm se juntado mecanismos de controle cibernéticos que também podem excluir ou invisibilizar.

Criamos invisibilidades o tempo todo, mesmo sem perceber. Apreciamos o "belo", a boa arquitetura, as pessoas bem-vestidas, a circularidade de ideias, os encontros e trocas comerciais. A cidade moderna nasce sob o signo do capital, regida pelas relações de consumo que nos definem culturalmente. Como questiona Raquel Rolnik (1995), não seriam os outdoors, vitrines e telas os novos templos das cidades?

Essa organização do espaço urbano pelo consumo gera desigualdades e preconceitos, constituindo territórios de poder que negam a própria ideia de cidade. Como aponta Lucio Grinover (2021, p. 11),

> [...] a sociedade urbana do início do século XXI apresenta características que permitem diferenciá-la de outras, por ser uma sociedade que vive um tipo novo de mundo, essencialmente urbanizado. E, por ser um mundo globalizado, por ser uma sociedade que está imersa numa grande transformação de uma antiga economia de produção para uma economia de consumo, ela privilegia os habitantes das cidades com novas práticas comportamentais de natureza consumista, típica de hábitats de metrópoles, cidades e aglomerados [...].

Desviamos o olhar da contraface do mundo consumista. O ritmo frenético e fascinante dos centros comerciais oblitera os espaços públicos e as populações à margem da riqueza das metrópoles. Não vemos ou não queremos enxergar a miséria, os indivíduos em situação de rua, as

---

1 Gentrificação é a mudança no perfil de moradores e serviços em áreas antes consideradas suburbanas e que têm suas características transformadas pela circulação de outros estratos sociais, mais favorecidos economicamente, atraídos por melhorias empreendidas pelo poder público. Essas melhorias muitas vezes visam beneficiar a especulação imobiliária, aumentando o custo de vida e inviabilizando a permanência dos antigos moradores do local.

comunidades desassistidas pelo Estado, os grupos que sofrem perseguições. Invisibilizamos todas essas pessoas na esperança de tornar a cidade mais bela e agradável. No entanto, é justamente em reação a essa invisibilidade que as cidades também se mostram palcos de disputa política, de manifestações de toda ordem que tornam a cidade um organismo vivo, pulsante.

APOROFOBIA E ARQUITETURA HOSTIL

Em 1995, a filósofa espanhola Adela Cortina publicou uma coluna que levava o título "Aporofobia". Cortina (2020) relata que propôs o termo após perceber que, ao discutir imigração, racismo e xenofobia, entre outros temas, não havia uma palavra que exprimisse a rejeição ou mesmo a aversão que as pessoas podem ter em relação aos pobres. Assim nasceu o neologismo, eleito em 2017 a palavra do ano pela Fundación del Español Urgente (Fundéu).

A autora conta que recorreu a um antigo dicionário de grego, onde encontrou o vocábulo ἄπορος (*áporos*), que designa uma pessoa sem posses, e por analogia com termos como "xenofobia" e "homofobia", pensou no termo "aporofobia". Seu objetivo era dar nome à rejeição e à hostilidade contra os pobres e, ao fazê-lo, defender uma moral baseada no respeito à dignidade de todas as pessoas, sem distinção de classe ou discriminação de qualquer natureza.

Em 2000, Cortina submeteu o termo à Real Academia Española, sugerindo sua inclusão no dicionário da academia nos seguintes termos: "diz-se do ódio, repugnância ou hostilidade ante o pobre, o sem recursos, o desamparado. [...] (Do gr. *Á-poros*, pobre, e *fobéo*, aversão)" (Cortina, 2020, p. 28).

Em seu argumento para diferenciar tal hostilidade, a autora aponta que outros grupos, como os estrangeiros, não são tão frequentemente hostilizados (e até podem ser aceitos de bom grado) quando têm algo a oferecer. Um país como a Espanha recebe milhões de estrangeiros a cada ano, que levam recursos à poderosíssima indústria de turismo do país. Já os desafortunados, imigrantes ou não, sofrem todo tipo de discriminação e violência.

Daí a urgência de uma abordagem hospitaleira tanto para os que vêm de outro país, na condição de imigrante ou refugiado, como para os despossuídos que procuram abrigo nas cidades. Recorrendo a Kant, Adela Cortina (2020, p. 182) propõe uma dupla interpretação do termo hospitalidade:

> Immanuel Kant apresenta dois significados para o termo "hospitalidade", os quais, embora ligados entre si, diferem substancialmente. O primeiro deles é apresentado como uma virtude necessária para a convivência; o segundo, como um direito e um dever. Ambos constituem uma contribuição interessante para o momento atual, ainda que talvez mais o segundo que o primeiro.

Uma das expressões da violência urbana é a concepção de uma arquitetura que repele a ocupação de equipamentos públicos ou contíguos a espaços privados. Essa arquitetura exclui pessoas que não deseja acolher com o pretexto de manter a ordem urbana, a limpeza, e impedir depredações ou qualquer ato considerado incompatível com o status do espaço. A expressão que tem sido usada para designar esse tipo de arquitetura é "arquitetura do medo", ou "hostil".

Barreiras em bancos públicos para que ninguém possa deitar neles durante a noite; objetos pontiagudos que desencorajam as pessoas de se abrigar em determinados espaços; pedras, lanças e obstáculos (declaradamente hostis ou disfarçados sob um design que atenua seu real objetivo): esses são alguns exemplos da arquitetura do medo.

Exemplo de arquitetura hostil: banco de praça na cidade de Antibes, na França. Os arcos de metal e as pastilhas impedem que alguém se deite no banco.

Degraus na fachada também podem ser obstáculos à acomodação de pessoas.

VOCÊ SABIA?

Você sabia que em 2022 foi promulgada uma lei que proíbe o emprego de técnicas construtivas hostis em espaços livres de uso público? A Lei nº 14.489/2022 veda "o emprego de materiais, estruturas, equipamentos e técnicas construtivas hostis que tenham como objetivo ou resultado o afastamento de pessoas em situação de rua, idosos, jovens e outros segmentos da população" (Brasil, 2022). A lei foi oficialmente denominada Padre Júlio Lancellotti, em reconhecimento à luta do padre na defesa dos direitos da população de rua.

PARA SABER MAIS

Para saber um pouco mais sobre o conceito de aporofobia, sugerimos a leitura de "Uma chaga sem nome", o primeiro capítulo do livro *Aporofobia, a aversão ao pobre*, de Adela Cortina (2020). Você também pode assistir a uma palestra da autora sobre o tema:

COMUNALIDADE E HOSPITALIDADE

Ao discutir a criação de bens comuns urbanos, o geógrafo David Harvey (2014) destaca o conceito de "comunalidade". Segundo o autor, as cidades são espaços onde pessoas de diferentes classes sociais se juntam para construir um território comum, marcado pela transitoriedade, pela dinamicidade e, por vezes, por conflitos que podem colocar em risco essa natureza comunal:

> O recente ressurgimento da ênfase na suposta perda da comunalidade urbana reflete os impactos aparentemente profundos da recente onda de privatizações, cerceamentos, controles espaciais, policiamento e vigilância na qualidade da vida urbana em geral e, em particular, na potencialidade de se criar ou inibir novas formas de relações sociais (novos bens comuns) em um processo urbano influenciado, quando não dominado, por interesses de classe dos capitalistas (Harvey, 2014, p. 134).

Segundo Harvey, qualquer solução para as formas de organização das cidades deve considerar os embates políticos dos diferentes grupos sociais. Para isso, o autor aponta três premissas que considera imprescindíveis:

1. **Combate à pobreza global**: não se pode buscar soluções que não diminuam as desigualdades socioeconômicas ou coexistam com elas, sob pena de criarmos ainda mais desigualdade e hostilidade.

2. **Resposta aos iminentes perigos da degradação ambiental**: ignorar as transformações ecológicas e o impacto das cidades na era do antropocentrismo leva à suburbanização e à concentração dos efeitos da degradação ambiental sobre a população mais vulnerável.

3. **Combate à lógica exclusivamente produtivista e ao crescimento econômico sem limites**: se a cidade é um espaço comunal constituído historicamente por grupos diferentes, ela deve atender igualmente a todos, minorando as desigualdades que caracterizam a sociedade capitalista. Harvey defende que a busca constante por crescimento econômico se tornou insustentável, pois essa busca agudiza ainda mais as desigualdades econômicas e sociais, sobretudo nas cidades.

Como exemplos históricos de movimentos sociais que lutaram contra a desigualdade, Harvey cita a Comuna de Paris,[2] as rebeliões nas ruas de Londres em 2011 e o Occupy Wall Street. Podemos dizer que esses movimentos, todos urbanos, demonstram a necessidade de uma abordagem mais hospitaleira das cidades do ponto de vista econômico, ecológico e social.

---

2 A Comuna de Paris, ocorrida em 1871, é uma das mais importantes insurreições populares da história. Mesmo tendo sido derrotada, a comuna foi uma experiência de autogestão que teve repercussões em todo o mundo e trouxe à luz as demandas sociais dos trabalhadores.

O que torna as cidades familiares é o sentimento de pertença a uma coletividade. Esse sentimento é resultado de uma simbiose no relacionamento das pessoas com os espaços públicos. Por meio dela as coletividades interagem com arranjos mais ou menos estáveis que são fruto da convivialidade, e não simples resultado de uma política urbanística. Estamos falando de espaços que, como aponta Michel Agier (2011), geralmente

> [...] não foram feitos pelos serviços de urbanismo e, no entanto, são essenciais para a sociabilidade urbana. São particularmente comuns e dinâmicos nos países pobres de urbanização recente. Mas outros exemplos, numerosos, existem praticamente em todas as cidades do mundo (Agier, 2011).

Atualmente, a maioria da população mundial reside em áreas urbanas, e estima-se que até 2050 a proporção de moradores nas cidades chegue a 68% (UN-Habitat, 2022). A velocidade da urbanização contemporânea é um evento geográfico sem precedentes. Nesse contexto, precisamos repensar nossa noção de desenvolvimento. Garantir direitos básicos de proteção a grupos vulneráveis é um imperativo para o desenvolvimento saudável, compassivo e hospitaleiro das cidades. Como propõe Amartya Sen (2010), liberdade e responsabilidade devem ser interdependentes.

SUGESTÃO

Imagine uma bela casa, de arquitetura moderna e funcional, emoldurada por um lindo jardim onde é possível receber convidados para um piquenique numa tarde ensolarada. A paisagem é bucólica, cheia de flores coloridas e perfumadas. Há ainda um pequeno pomar de frutas e uma horta com alimentos saudáveis e ricas especiarias. Perto da casa, um rio límpido corre suavemente, cortando um bosque incrivelmente bem preservado, um convite a um passeio. Nessa casa, vive a família numerosa, saudável e feliz de um oficial alemão.

Agora, imagine que essa família, com toda a beleza que a cerca, vive ao lado do campo de concentração de Auschwitz, na Polônia, local onde nazistas cometem as piores atrocidades.

Uma das premissas do nazismo era o "embelezamento do mundo", e esse é o tema do filme *Zona de interesse*, que faz pensar nas ambiguidades da hospitalidade e na complexidade da natureza humana. As reflexões provocadas pelo filme são extremamente necessárias para os tempos atuais.

Escaneie o código QR a seguir para assistir ao trailer de *Zona de interesse*:

ARREMATANDO AS IDEIAS

Neste capítulo, refletimos sobre o que é uma cidade desde a sua origem, que remonta à revolução neolítica, e destacamos sua natureza comunal. Conhecemos o conceito antigo do que seria uma cidade acolhedora e o surgimento da ideia de cidadania, e depois passamos à faceta excludente da cidade moderna. Fomos, portanto, da cidade imaginada, utópica, à cidade contemporânea, com suas desigualdades e contradições.

Conhecemos ainda novos conceitos: "aporofobia", um neologismo criado pela filósofa espanhola Adela Cortina para designar a aversão aos pobres, e "arquitetura hostil", a arquitetura que busca impedir que seres humanos se acomodem em determinados espaços. Por fim, abordamos a responsabilidade social do Estado e de todos nós na construção de relações mais hospitaleiras nas cidades.

REFERÊNCIAS

AGIER, M. **Antropologia da cidade**: lugares, situações, movimentos. São Paulo: Terceiro Nome, 2011.

APOROFOBIA, el miedo a las personas pobres: Adela Cortina: TEDxUPValència. Valencia, TED. 1 vídeo (26 min). Publicado pelo canal TEDx Talks. Disponível em: https://www.youtube.com/watch?v=ZODPxP68zT0&t=3s. Acesso em: 27 jun. 2024.

BRASIL. **Lei nº 14.489 de 21 de dezembro de 2022**. Altera a Lei nº 10.257, de 10 de julho de 2001 (Estatuto da Cidade), para vedar o emprego de técnicas construtivas hostis em espaços livres de uso público – Lei Padre Júlio Lancelotti. Brasília, DF: Presidência da República, 2022. Disponível em: https://www.planalto.gov.br/ccivil_03/_Ato2019-2022/2022/Lei/L14489.htm. Acesso em: 19 jul. 2024.

CORTINA, A. **Aporofobia, a aversão ao pobre**: um desafio para a democracia. São Paulo: Contracorrente, 2020.

GRINOVER, L. **A cidade, nós e a hospitalidade**. Caxias do Sul: Educs, 2021.

HARVEY, D. **Cidades rebeldes**: do direito à cidade à revolução urbana. São Paulo: Martins Fontes, 2014.

ROLNIK, R. **Guerra dos lugares**: a colonização da terra e da moradia na era das finanças. São Paulo: Boitempo, 2019.

ROLNIK, R. **O que é cidade**. São Paulo: Brasiliense, 1995.

SEN, A. K. **Desenvolvimento como liberdade**. São Paulo: Companhia das Letras, 2010.

UN-HABITAT. **World Cities Report 2022**: envisaging the future of cities. Nairobi: United Nations Human Settlements Programme, 2022.

CAPÍTULO 7

Estudos contemporâneos de hospitalidade

Tóquio, Japão. O sol brilha através das árvores no início da manhã, criando uma espécie de dança entre a luz e as folhas.

Komorebi é a palavra japonesa que designa o efeito da luz solar que penetra entre os galhos das árvores, produzindo um jogo entre luzes e sombras cujo resultado é um sem-número de cores, tonalidades e luminosidades únicas, que jamais se repetirão.[1] Como exercício de imaginação, se fosse possível cristalizar o instante desse acontecimento, teríamos algo como uma pintura impressionista.

O filme *Dias perfeitos* (2023), do diretor alemão Wim Wenders, tem como mote a rotina de Hirayama (interpretado por Koji Yakusho), um faxineiro de banheiros públicos de Tóquio que se alegra com o *komorebi*. Ele observa esse fenômeno em vários momentos do dia e se dedica a fotografá-lo no parque onde costuma parar para almoçar. Hirayama valoriza coisas simples do cotidiano, como ouvir música no toca-fitas do seu furgão, ler um livro antes de dormir e cultivar bonsais, que rega meticulosamente toda manhã, antes de sair de casa. Com igual prazer, ele frequenta uma casa de banho e dois pequenos restaurantes.

---

1 A palavra *komorebi* (木漏れ日) é composta pelos ideogramas de "árvore" (木), "vazar, passar" (漏れ) e "sol" (日).

HOSPITALIDADE E INTERCULTURALIDADE

O protagonista se esmera em seu trabalho, higienizando os banheiros públicos minuciosamente. Ele parece gostar dessa rotina e concebe cada encontro como único, mesmo quando esses encontros se repetem quase todos os dias. Um homem em situação de rua, por exemplo, que parece imitar uma árvore, numa espécie de dança, é sempre observado atentamente por Hirayama.

Dias perfeitos é um elogio dos encontros em meio à rotina, na sucessão de dias que parecem se repetir, mas são únicos, como o *komorebi*. O modo como o filme valoriza esses encontros nos faz pensar em uma ética do acolhimento e do cuidado que bem poderia ter sido inspirada na obra de Emmanuel Lévinas, filósofo que conheceremos a seguir.

E você? Como encara sua rotina e os encontros cotidianos?

VOCÊ SABIA?

O Japão é conhecido como um dos países que mais levam a sério a limpeza dos espaços públicos. Contudo, entre os japoneses, persistia a crença de que os banheiros públicos não eram limpos o suficiente. Para modificar essa percepção, nasceu o projeto Tokyo Toilet, que contratou arquitetos consagrados, como Tadao Ando, vencedor do prêmio Pritzker, para assinar belos projetos de banheiros públicos em parques, em praças ou nas proximidades de estações de metrô. Os banheiros de Tokyo Toilet têm estilos arquitetônicos inovadores e primam pela acessibilidade de diferentes públicos, como crianças, idosos e cadeirantes. Selecionamos aqui dois exemplos, mas é possível conhecer os outros banheiros do projeto no site:

Banheiro público transparente no parque comunitário Haru-No-Ogawa, no bairro de Shibuya. Os vidros translúcidos "inteligentes" precisam de energia elétrica para se manterem transparentes. Quando alguém entra no banheiro e tranca a porta, os vidros ficam opacos, impedindo a visão do interior.

Banheiro público do parque Jingu-Dori, projetado por Tadao Ando. Assim como o banheiro do parque Haru-No-Ogawa, este é um dos banheiros do projeto Tokyo Toilet que aparecem no filme *Dias perfeitos*.

EMMANUEL LÉVINAS: A HOSPITALIDADE COMO ÉTICA DO CUIDADO

O filósofo lituano-francês Emmanuel Lévinas traz uma abordagem fundamental para os estudos de hospitalidade, que podemos chamar de "ética da alteridade". Para Lévinas, a filosofia ocidental, ao privilegiar o ser, a subjetividade, teria estimulado o individualismo e, no limite, fomentado regimes totalitários, com as consequências catastróficas vistas no século XX (Zanon, 2020) – consequências essas, podemos completar, também presentes no século XXI.

Em *Totalidade e infinito*, Lévinas (2023) propõe uma condição humana regida por relações intersubjetivas que permitem pensar numa nova ética, a ética da alteridade. Nessa ética, em lugar de se afirmar como ser, como ego, o indivíduo coloca o *alter* (o outro) como condição de possibilidade do eu. Assim, na relação com o outro, responsabilizando-nos por ele e por seu bem-estar, é que nos definimos como indivíduos.

Em outras palavras, somos sempre pelo outro, em infinitas possibilidades de relações humanas intersubjetivas, interdependentes e de cuidado mútuo. Lévinas, portanto, funda uma nova noção de humanismo, baseada numa cultura de paz e numa ética da hospitalidade e do cuidado, como enuncia o prefácio de *Totalidade e infinito*:

> Este livro apresentará a subjetividade como acolhendo Outrem, como hospitalidade. Nela se consuma a ideia do infinito. A intencionalidade, em que o pensamento permanece *adequação* ao objeto, não define portanto a consciência ao seu nível fundamental. Todo o saber enquanto intencionalidade supõe já a ideia do infinito, a *inadequação* por excelência (Lévinas, 2023, p. 13).

Não acolhemos porque somos seres humanos, mas nos humanizamos à medida que acolhemos o outro. Nessa relação, o outro me define como indivíduo por meio de um movimento fraternal em que o respeito e o protejo. Como observa Andrei Zanon, o cuidado é um elemento fundamental do novo humanismo de Lévinas:

> Emmanuel Lévinas [...] apresenta-nos uma ousada e colossal novidade acerca da alteridade ética, o cuidado, o respeito e a responsabilidade para com o outro. Sua proposta evidencia uma tentativa de sair do ser, rompendo com o círculo tradicional da filosofia clássica que não pensa e nem concebe o outro enquanto relação. A alteridade não é entendida só pela minha razão, ela acontece a partir do outro. Se a ética parte da ontologia, então esta ética é uma ética do poder, do interesse, da opressão e do domínio. Assim, a filosofia ocidental parece não ser uma filosofia da alteridade porque exclui e nega o outro em sua totalidade (Zanon, 2020, p. 79).

Mas como o outro se manifesta? Para Lévinas, a relação de alteridade, ou seja, a própria intersubjetividade, se estabelece por meio do rosto. Não o rosto físico somente, mas o rosto como epifania que manifesta o ser, a sua própria identidade. Por meio dessa epifania, tomamos contato com a ideia do infinito (a priori incognoscível e ininteligível) representado pelo rosto de um indivíduo a quem devemos respeitar e proteger. Nessa relação inter-humana, ou intercultural, constituímos e definimos a nossa própria humanidade.

A filosofia levinasiana alerta sobre os perigos da subjetividade absoluta e se posiciona politicamente contra a aniquilação do outro, seja por seu extermínio pela violência (guerra ou fome, por exemplo), seja por preconceito e intolerância. O outro pode ser aniquilado de diversas maneiras, mas essa aniquilação sempre decorre da invisibilidade do "rosto", da invisibilidade do outro que aparece a nós, mas que nem sempre estamos dispostos a enxergar. Admitir o rosto, o corpo e as necessidades de outrem é fazê-lo existir (porque ele obviamente existe e nos importa).

Lévinas, portanto, propõe uma ética relacional, que decorre da relação com o outro que se apresenta a nós, simbólica e presencialmente, por meio de um rosto. Assim, "a transcendência é a transcendência de um eu", mas "só um eu pode responder à imposição de um rosto" (Lévinas, 2023, p. 33). Assim, produzir-se como eu é voltar-se para o exterior, comunicando-se com o outro por meio de uma linguagem que é amizade e hospitalidade.

HOSPITALIDADE NA ESCOLA FRANCESA, ESTADUNIDENSE E BRITÂNICA

Pensadores como Emmanuel Lévinas (2023), com sua ética da alteridade; Marcel Mauss (2013), que conceitualiza o "fato social total", por meio do qual podemos pensar a hospitalidade; Jacques Derrida (2003), que discute as leis não escritas da hospitalidade; Anne Gotman (2008), que explora a "hospitalidade encenada"; e Alain Montandon (2002; 2011), que analisa o "erotismo da hospitalidade", são alguns dos autores fundantes dos estudos de hospitalidade na França, e suas ideias têm influenciado pesquisadores de diferentes nacionalidades.

Atualmente, um dos mais renomados estudiosos da hospitalidade é Alain Montandon, organizador de uma obra fundamental intitulada *O livro da hospitalidade: acolhida do estrangeiro na história e nas culturas*. A obra, que chega a 1.437 páginas na edição brasileira e reúne ensaios de mais de setenta pesquisadores, incluindo o próprio Montandon, é uma das mais abrangentes e significativas sobre o tema da hospitalidade.

Segundo Luiz Octávio de Lima Camargo (2004), a escola francesa tem como marca a hospitalidade doméstica e pública pautada no esquema de Marcel Mauss, o dar-receber-retribuir, o que teria feito os franceses, ao menos num primeiro momento, parecerem desinteressados da hospitalidade comercial. E essa seria, para Camargo, a principal diferença dos autores franceses em relação aos estadunidenses, que privilegiavam a hospitalidade comercial, estabelecida em contrato e baseada em operadoras de viagens, restaurantes e hotéis.

Como exemplo dessa abordagem norte-americana, o autor aponta a obra *Hospitalidade: conceitos e aplicações* (Chon; Sparrowe, 2014), espécie de manual que trata de vários segmentos do que se convencionou chamar "indústria turística" e dos desafios da hospitalidade na era globalizada (interdependência entre países, choques culturais, etc.), sempre com foco nas habilidades necessárias para vencer esses desafios.

As duas visões parecem opostas. De um lado, os franceses privilegiam o ponto de vista antropológico, filosófico, sociológico e histórico, muitas vezes tratando o tema dos imigrantes e refugiados e apontando a necessidade de acolhê-los; de outro, os estadunidenses privilegiam os equipamentos hoteleiros como objeto de estudo, numa espécie de pragmatismo que busca maximizar a excelência dos serviços e fomentar a indústria turística.

Segundo Camargo (2004), quem tenta aproximar essas duas visões opostas, a francesa e a estadunidense, é a escola britânica. Recorrendo ao conceito de "hospitabilidade", o autor aponta as premissas dessa escola para propor tal aproximação: 1) tanto a ênfase na hospitalidade pública (francesa) quanto na hospitalidade comercial (estadunidense) partiriam da "hospitalidade doméstica"; 2) há exemplos de inospitalidade voltada tanto contra imigrantes ou refugiados como contra turistas (e, poderíamos acrescentar, há inclusive inospitalidade perpetrada por turistas); e 3) o fato de a hospitalidade comercial trocar a dádiva pelo pagamento de um serviço – ou transformar o hóspede em cliente – não exclui a consideração da hospitalidade ou inospitalidade nas relações humanas.

Essa abordagem-síntese, relativamente recente, parte do trabalho de pesquisadores britânicos liderados por Conrad Lashley e Alison Morrison (2004), organizadores da obra *Em busca da hospitalidade: perspectivas para um mundo globalizado*. O livro traz um ensaio que contempla o conceito mencionado por Camargo, "A filosofia da 'hospitabilidade'", de Elizabeth Telfer (2004), professora da Universidade de Glasgow.

Segundo Telfer, a hospitalidade se refere aos atributos de uma pessoa que oferta alimentos, bebidas e ocasionalmente acomodação a seus convidados (pessoas que não são membros regulares da casa). O fundamental do conceito é a responsabilidade de atender às necessidades do hóspede e garantir sua satisfação. Nesse sentido, a autora lembra Brillat-Savarin (1995, p. 16), que expressa por meio de um aforismo sua consideração sobre os deveres da hospitalidade: "Entreter um convidado é encarregar-se de sua felicidade durante o tempo todo em que estiver sob nosso teto".

Sobre a aparente oposição entre a escola francesa e a escola estadunidense de hospitalidade, Telfer (2004, p. 55) observa:

> Considero [...] muito simplista a ideia de hospitalidade privada verdadeira e imitação comercial falsa: por exemplo, é bem possível que o hospedeiro privado seja movido apenas por interesse próprio, enquanto o comercial seja motivado por preocupação com o bem-estar de seus hóspedes (Telfer, 2004, p. 55).

Telfer elege "hospitabilidade" como termo para se referir à virtude moral da hospitalidade motivada pela preocupação com o bem-estar do hóspede. Aqui, poderíamos considerá-la mais apropriadamente como uma ética, que vai além do interesse próprio, incorporando um sincero desejo de satisfazer as necessidades do hóspede através de um acolhimento genuíno. Essa atitude não exclui necessariamente o interesse: por exemplo, uma pessoa pode escolher trabalhar profissionalmente na área da hospitalidade por ter um genuíno entusiasmo e vocação para adotar atitudes hospitaleiras.

Assim, Telfer busca superar a suposta oposição entre hospitalidade privada verdadeira e imitação comercial falsa mostrando que a hospitabilidade pode estar presente em diferentes contextos. Essa visão, que reconhece a complexidade da hospitalidade, é bastante relevante para os estudos brasileiros sobre o tema, que conheceremos a seguir.

PARA SABER MAIS

Se você quer saber mais sobre como diferentes culturas, religiões e etnias se orientam em suas relações hospitaleiras, *O livro da hospitalidade: acolhida do estrangeiro na história e nas culturas* é uma obra fundamental. O livro organizado por Alain Montandon (2011) foi publicado no Brasil pela Editora Senac São Paulo, com tradução de Marcos Bagno e Lea Zylberlicht.

ESTUDOS BRASILEIROS DE HOSPITALIDADE

A tendência dos estudos brasileiros de hospitalidade, como a dos estudos britânicos, é promover o diálogo entre as visões predominantes nos Estados Unidos e na França. Essa mesma tendência é percebida em autores portugueses, de modo que podemos falar em uma comunidade de pesquisadores lusófonos. Um dos principais representantes dessa comunidade é o já mencionado autor brasileiro Luiz Octávio de Lima Camargo.

Camargo (2004) destaca dois trabalhos particularmente importantes dos estudos lusófonos de hospitalidade. O primeiro é *Hospitalidade: reflexões e perspectivas* (Dias, 2002), uma das primeiras coletâneas de artigos que buscou ampliar os estudos de hospitalidade no Brasil para além de áreas tradicionais como turismo, hotelaria e restauração. Além de pesquisadores brasileiros, a obra contou com ensaios dos franceses Alain Montandon e Michel Maffesoli e da portuguesa Isabel Baptista.

A segunda coletânea mencionada por Camargo é *Hospitalidade: cenários e oportunidades* (Dencker; Bueno, 2003), iniciativa que reuniu pesquisadores de destaque. O livro discute os desafios das atividades turísticas e da hospitalidade em um cenário globalizado, marcado por conflitos entre economias, ambientes, culturas e etnias. Mais uma vez, Alain Montandon contribuiu com um texto.

Ambas as coletâneas refletem um esforço significativo para estabelecer um diálogo profícuo entre pesquisadores brasileiros e estrangeiros no campo da hospitalidade.

No artigo "A interação em pesquisa e a importância do exercício da hospitalidade em ambiente acadêmico", Ana Paula G. Spolon, Alexandre Panosso Netto e Isabel Baptista (2015) trazem um importante relato sobre o intercâmbio de ideias entre pesquisadores brasileiros e estrangeiros. Os autores destacam eventos recentes, como a Academy of International Hospitality Research Conference 2014, realizada em Leeuwarden, nos Países Baixos, e que resultou numa colaboração entre as revistas *Hospitalidade* e *Research in Hospitality Management*.

Os esforços da professora Spolon e de outros pesquisadores são apenas um exemplo do empenho de autores brasileiros em promover o diálogo com diferentes comunidades acadêmicas e movimentos, contribuindo para uma visão mais ampla e globalizada da hospitalidade. Outro exemplo significativo são publicações mais recentes que, como as duas coletâneas citadas por Camargo, reúnem autores brasileiros e estrangeiros. Nesse sentido, podemos destacar a obra *Laços sociais: por uma epistemologia da hospitalidade* (Santos; Baptista, 2014), que é uma importante mostra do intercâmbio entre pesquisadores brasileiros e portugueses.

Atualmente, nos anos 2020, há diversas revistas acadêmicas de instituições públicas e privadas, de várias localidades do Brasil, dedicadas ao campo da hospitalidade. Essas revistas focam tanto a produção de conhecimento teórico quanto a publicação de estudos que exploram o papel da hospitalidade em serviços e contextos empresariais.

PARA SABER MAIS

Para conhecer mais pesquisas do campo da hospitalidade, você pode acessar revistas científicas disponíveis na internet. Selecionamos três dessas revistas, que tratam dos temas da hospitalidade sob diferentes abordagens:

Contextos da Alimentação

Rosa dos Ventos

Revista Hospitalidade

ARREMATANDO AS IDEIAS

Neste capítulo, exploramos a importância do encontro a partir do filme *Dias perfeitos* e da filosofia de Emmanuel Lévinas, destacando uma ética da alteridade que se manifesta na hospitalidade e no cuidado com o outro. Discutimos também as tendências predominantes nos estudos da hospitalidade de diferentes comunidades de pesquisadores (a francesa, a estadunidense e a britânica). Além disso, vimos exemplos que mostram como a tradição acadêmica brasileira nos estudos de hospitalidade tem fomentado o intercâmbio entre essas diferentes comunidades.

REFERÊNCIAS

AUGÉ, M. **Não lugares**: introdução a uma antropologia da supermodernidade. Campinas: Papirus, 2012.

BRILLAT-SAVARIN. **A fisiologia do gosto**. São Paulo: Companhia das Letras, 1995.

BUENO, M. L.; CAMARGO, L. O. L. (org.). **Cultura e consumo**: estilos de vida na contemporaneidade. São Paulo: Editora Senac São Paulo, 2008.

CAMARGO, L. O. L. **Hospitalidade**. São Paulo: Aleph, 2004. (Coleção ABC do Turismo).

CHON, K.-S.; SPARROWE, R. T. **Hospitalidade**: conceitos e aplicações. São Paulo: Cengage Learning; Rio de Janeiro: Editora Senac Rio de Janeiro, 2014.

DENCKER, A. F. M.; BUENO, M. S. (org.) **Hospitalidade**: cenários e oportunidades. São Paulo: Thomson, 2003.

DERRIDA, J. **Adeus a Emmanuel Lévinas**. São Paulo: Perspectiva, 2015.

DERRIDA, J. **Anne Dufourmantelle convida Jacques Derrida a falar da hospitalidade**. São Paulo: Escuta, 2003.

DIAS, C. M. M. (org.). **Hospitalidade**: reflexões e perspectivas. Barueri: Manole, 2002.

FARIAS, A. B. **Poéticas da hospitalidade**: ensaios para uma filosofia do acolhimento. Porto Alegre: Zouk, 2018.

GOTMAN, A. Entrevista com Anne Gotman. [Entrevista cedida a] Marie Raynal. **Revista Hospitalidade**, São Paulo, v. 10, n. 1, p. 146-157, 2013. Disponível em: https://www.revhosp. org/hospitalidade/article/view/515. Acesso em: 9 jul. 2024. p. 115-134.

GOTMAN, A. O turismo e a encenação da hospitalidade. *In*: BUENO, M. L.; CAMARGO, L. O. L. (org.). **Cultura e consumo**: estilos de vida na contemporaneidade. São Paulo: Editora Senac São Paulo, 2008. p. 115-134.

LASHLEY, C.; MORRISON, A. (org.). **Em busca da hospitalidade**: perspectivas para um mundo globalizado. Barueri: Manole, 2004.

LÉVINAS, E. **Entre nós**: ensaios sobre a alteridade. Petrópolis: Vozes, 2005.

LÉVINAS, E. **Totalidade e infinito**: ensaio sobre a exterioridade. Lisboa: Edições 70, 2023.

MAUSS, M. **Ensaio sobre a dádiva**: forma e razão da troca nas sociedades arcaicas. São Paulo: Cosac Naify, 2013.

MONTANDON, A. (dir.). **O livro da hospitalidade**: acolhida do estrangeiro na história e nas culturas. São Paulo: Editora Senac São Paulo, 2011.

MONTANDON, A. Ritos da hospitalidade erótica. *In*: DIAS, C. M. M. (org.). **Hospitalidade**: reflexões e perspectivas. Barueri: Manole, 2002.

SANTOS, M. M. C.; BAPTISTA, I. (org.). **Laços sociais**: por uma epistemologia da hospitalidade. Caxias do Sul: Educs, 2014.

SPOLON, A. P. G.; PANOSSO NETTO, A.; BAPTISTA, I. A interação em pesquisa e a importância do exercício da hospitalidade em ambiente acadêmico. **Revista Hospitalidade**, São Paulo, v. 12, p. 179-217, maio 2015. Número especial. Disponível em: https://www.revhosp. org/hospitalidade/article/view/577. Acesso em: 6 jul. 2024.

TELFER, E. A filosofia da "hospitabilidade". *In*: LASHLEY, C.; MORRISON, A. (org.). **Em busca da hospitalidade**: perspectivas para um mundo globalizado. Barueri: Manole, 2004. p. 53-78.

ZANON, A. O princípio da alteridade de Lévinas como fundamento para a responsabilidade ética. **Perseitas**, Medellín, v. 8, p. 75-103, 2020. Disponível em: https://revistas. ucatolicaluisamigo.edu.co/index.php/perseitas/article/view/3489. Acesso em: 3 jul. 2024.

CAPÍTULO 8

Preconceito: um obstáculo à hospitalidade

A frase "break the bias" ("quebre o viés", em tradução literal) foi o tema do Dia Internacional da Mulher em 2022, mas se adequa também ao combate de todo preconceito e às muitas lutas por diversidade, inclusão e equidade.

Você já pensou em algumas expressões e palavras muito usadas, como "ter um pé na cozinha", "mulato", "da cor do pecado", "não temos braços para essa tarefa", "o que ela quis dizer é...", "judiar", etc.? A lista é imensa e não pretendemos esgotá-la, mas sim convidar a um questionamento: por que essas expressões e palavras, apesar de sua origem hostil, preconceituosa, foram tão naturalizadas? Qual é a sua historicidade, isto é, qual contexto permitiu que elas fossem utilizadas? Que tal pensarmos sobre isso?

PRECONCEITO: UMA CONSTRUÇÃO HISTÓRICA

Preconceitos são historicamente determinados, isto é, produtos de nossa cultura, e não têm nem nunca tiveram relação com a natureza. No entanto, tendemos a naturalizar pensamentos e comportamentos construídos historicamente. Isso quer dizer que muitos de nós acreditamos numa moral ou numa verdade absoluta, imutável, atemporal, que pode ser ou não religiosa. As religiões são uma das origens das ideias preconcebidas, mas nem sempre foi assim e isso não vale para todos os casos.

Em determinados períodos, a ciência (ou uma pseudociência) também esteve a serviço de preconceitos de toda ordem. Embora ideias preconceituosas nada tenham a ver com o pensamento científico, historicamente, em vários momentos, a ciência foi usada para estabelecer generalizações e identidades e eleger culpados em contextos de crise. Esse uso promoveu (e promove) violência simbólica e física, chegando a servir de justificativa para extermínios em massa.

? VOCÊ SABIA?

Um exemplo de preconceito é a misoginia, que é o sentimento de ódio ou aversão às mulheres, possivelmente "o primeiro dos preconceitos" (Karnal; Fernandes, 2023). De modo geral, em nossa sociedade, a misoginia se expressa na ideia, reforçada pelo patriarcado (sistema em que predomina a autoridade paterna), de que a mulher deve servir ao homem e não pode ou não deveria se ocupar de atividades vistas como "masculinas".

Mas você sabia que já existiram sociedades matrilineares, isto é, sociedades em que as mulheres comandavam ações fundamentais para a vida em sociedade? Desde a Pré-História, as mulheres provocaram uma verdadeira revolução, pois coube a elas o desenvolvimento da tecnologia do cordame e do barbante para o desenvolvimento da caça e da pesca, que se somaram ao desenvolvimento da cerâmica. Um pouco mais à frente, no neolítico, também coube às mulheres, predominantemente, o desenvolvimento da agricultura, a segunda grande revolução feminina que permitiu aos seres humanos se sedentarizarem (Karnal; Fernandes, 2023).

A história é uma ferramenta poderosa para explicar como determinados pensamentos se formam no interior de uma cultura. Uma história produzida por europeus, por exemplo, tende a ser eurocentrada, ou seja, dominada por certa visão de mundo ou modo de pensar europeu. Isso não seria por si só um problema. Ocorre, porém, que essa visão muitas vezes toma o "outro" por aquilo que ele não é.

Por exemplo: o ponto de vista eurocêntrico, durante muito tempo, referiu-se aos povos indígenas como se fossem simplesmente "índios", de maneira indistinta e preconceituosa. Segundo essa visão, os indígenas não serviriam para o trabalho e não teriam uma cultura material consistente, o que reduziu um sem-número de povos a uma espécie de arquétipo ou tipo genérico que, a partir da consideração dos europeus, seria "incivilizado" (sendo a "civilidade" entendida aqui como a capacidade de atender ao parâmetro de vida daquele que se considera mais desenvolvido). Hoje, porém, sabemos que ser "civilizado" não é necessariamente ser menos atroz ou mais hospitaleiro.

Um erro parecido se dá quando nos referimos às muitas populações originárias da África como uma só identidade designada pelo adjetivo "africano". Essa homogeneização busca esconder nossa ignorância a respeito daquele cuja origem, cultura, crenças, culinária e visão de mundo desconhecemos. E isso não é só um detalhe, pois a generalização é uma das formas de invisibilizar a identidade do outro.

Essa atitude se torna particularmente problemática quando o preconceito resulta em discriminação. O pensamento preconceituoso, uma vez professado, pode ensejar ações discriminatórias. Tais ações, tipificadas como crime no Brasil, demonstram uma espécie de "cegueira moral" (conceito abordado no segundo capítulo deste livro) que nega uma ética do cuidado pelo outro, uma ética de responsabilidade por sua integridade e bem-estar.

Compreender como o preconceito é construído historicamente nos ajuda a compreender também como as ações discriminatórias podem ser combatidas e modificadas em favor de uma sociedade mais democrática. A busca por essa compreensão é o mote do livro *Preconceito: uma história*, de Leandro Karnal e Luiz Estevam de Oliveira Fernandes (2023). Na obra, os autores fazem uma espécie de arqueologia do preconceito, trazendo evidências de sua edificação ao longo da história ao apresentar "pré-juízos" que se cristalizam na forma de "pré-conceitos".

Karnal e Fernandes (2023) destacam quatro elementos que, embora não encerrem a interpretação do preconceito, nos ajudam a entender suas bases: 1) o preconceito contraria a racionalidade científica; 2) o preconceito promove generalizações; 3) o preconceito cria uma identidade de grupo; e 4) o preconceito elege bodes expiatórios. Esses quatro elementos formam um ciclo do preconceito:

O primeiro atributo do preconceito é a absoluta ausência de provas científicas que o respaldem. Do ponto de vista da lógica formal e do pensamento crítico, o preconceito é repleto de nulidades:

> O preconceito é algo que contraria a lógica elementar de toda ciência. O preconceito nasce sem que necessite de dados objetivos. O preconceito, antes de tudo, vem de alguém com uma limitação intelectual conjectural – porque não *conhece* –, e que deduz sobre o vazio (Karnal; Fernandes, 2023, p. 16).

O segundo elemento diz respeito às generalizações do pensamento sobre diferentes componentes, como etnia, região, orientação sexual, uma condição, etc. Um exemplo é tomado como regra e usado como tipo geral para descrever todo um grupo.

E aqui podemos recorrer a um exemplo: em 2024, na eleição presidencial dos Estados Unidos, um debate reuniu os postulantes ao governo, Joe Biden e Donald Trump. Biden, então presidente, teve um mau desempenho e foi duramente criticado. A revista *The Economist* então estampou sua capa com a foto de um andador com o emblema da presidência dos Estados Unidos, acompanhado da frase "No way to run a country" ("Sem condição de comandar um país"). Poucos dias depois, Biden viu sua campanha à reeleição ruir e renunciou à candidatura.

A capa dividiu opiniões nas redes sociais, sendo apontada por muitos como etarista ao colocar em dúvida as capacidades cognitivas do candidato em razão de sua idade. Houve, ainda, acusações de capacitismo, já que a capa pode sugerir que todas as pessoas que usam um andador são incapazes de exercer determinadas funções, relacionando uma condição física a uma suposta limitação cognitiva. A capa, portanto, incorre em generalizações.

> Apesar de, em si, contrariar o método científico, generalizar facilita as coisas para cabeças lineares, que gostam muito de regras universais, sempre aplicáveis. As exceções, os matizes e o aleatório (hoje se fala randômico ou até quântico) atrapalham o pensamento plano. A generalização seduz quem se sente pouco à vontade com o real e busca um nicho onde descansar sua angústia (Karnal; Fernandes, 2023, p. 16).

Seguido da generalização, temos o terceiro elemento do preconceito: a criação de uma identidade e a formação de uma comunidade que pode ter como único elo a exclusão do outro. Imagine, por exemplo, um grupo de torcedores de determinado time de futebol que descobrem entre eles um torcedor do time rival. Como esse torcedor rival seria tratado? Ele seria hostilizado?

Uma eventual reação da torcida talvez não tenha a ver com as convicções pessoais e individuais de seus integrantes. Independentemente dessas convicções, os torcedores, quando reunidos em grupo, podem ver o outro, aquele que veste outra camisa, de maneira hostil. Isso é problemático e pode até ser perigoso, caso o sentimento hostil venha a se manifestar em ações violentas.

O grupo preconceituoso se fortalece com a eleição de um bode expiatório (e aqui chegamos ao quarto elemento). Segundo essa lógica, aquele que é diferente de "nós" é visto como inimigo, e o inimigo pode ser perseguido, pois é visto como origem de todo mal que desejamos eliminar (ainda que esse mal muitas vezes remeta aos nossos próprios fracassos, que jamais gostaríamos de confessar). Essa situação cria uma visão dicotômica, de "bem" contra o "mal", na qual o "nós" é sempre identificado com o bem.

É isso o que vemos, por exemplo, no antissemitismo, tese racista que, sob o nazismo, fez dos judeus um bode expiatório para a crise após a Primeira Guerra Mundial e para todos os males que assolavam a Alemanha. Outros exemplos, entre tantos, são o racismo contra pretos ou pardos, muito arraigado no Brasil devido a nosso histórico escravocrata, e a islamofobia, que vê todos os muçulmanos como potenciais terroristas. Há, enfim, vários exemplos de grupos que definem um inimigo para discriminar e combater, criando ideias que justifiquem a humilhação, a segregação, a violência e até o extermínio como solução para a cura do "mal".

Padrões de comportamento, convenções, etnias, sexualidades, gênero, religiões, etc. podem ou não ser alvo de ações discriminatórias motivadas pelo preconceito, a depender do momento histórico. Isso também é verdadeiro quando pensamos em modelos de corporeidade, o que provocou o antropólogo francês Jean-Pierre Poulain a investigar a história e a sociologia da gordofobia, a estigmatização da obesidade:

> A corpulência é o objeto de processos de apreciação implicados nos mecanismos de diferenciação social. O que aconteceu nas sociedades modernas para que os corpos esguios tenham se tornado tão desejáveis em algumas dezenas de anos? Para que a desvalorização, evocando a doença, a fraqueza, a amargura, a ausência de sensualidade e o desgosto da carne, tenha sido tão valorizada e mesmo moralmente supervalorizada como sinal de autocontrole de indivíduo, em quem podemos confiar, como se ele fosse um herói da modernidade que resistiu à maré da obesidade? (Poulain, 2013, p. 122).

Outra mostra da relatividade dos preconceitos é o fato de que um indivíduo que não é alvo de preconceito em um lugar pode ser em outro. Por exemplo: um brasileiro branco, heterossexual, ao viajar para os Estados Unidos, pode eventualmente sofrer preconceito e discriminação por ser "latino".

> Todos nós possuímos alguma coisa que, para algum grupo em algum lugar, de algum modo, pode ser alvo de preconceito. Este seria então o melhor argumento contra o tema [o preconceito]: ele é histórico, como vimos, e, infelizmente, muito amplo. Está em você e está em nós, e fala

dos nossos medos e da nossa cultura. Fomos criados com os preconceitos e desconstruí-los é uma tarefa longa (Karnal; Fernandes, 2023, p. 21).

Todos nós podemos ser alvo de preconceitos. No entanto, é preciso compreender que determinados grupos são muito mais atingidos. É o que ocorre, por exemplo, com a mulher negra, que pode ser duplamente discriminada em razão do seu gênero e da cor de sua pele.

Entender que preconceitos são construídos histórica, sociológica e culturalmente, e que, embora frequentemente solidificados por tradições específicas, podem ser repensados, combatidos e desconstruídos, é uma das tarefas mais importantes para a sociedade contemporânea. Isso é essencial para podermos adotar uma abordagem mais compassiva na vida comunitária.

MUNDOS PLURAIS: ETNICIDADES E INDIVÍDUOS RACIALIZADOS

A ideia de "raça", muito difundida no século XIX, ainda tem muita influência em nossa sociedade. Contudo, o filósofo anglo-ganês Kwame Anthony Appiah nos mostra que essa ideia não tem validade científica. Segundo Appiah (1997), não há como aceitar uma explicação biológica e antropológica de raça, que seria um conceito sócio-histórico, pois nossas diferenças biológicas são ínfimas perto das semelhanças que nos aproximam:

> A classificação das pessoas em "raças" seria biologicamente interessante se as margens e as migrações não houvessem deixado um rastro genético. Mas deixaram: e ao longo desse rastro, há milhões de nós (dependendo os números, é óbvio, dos critérios de classificação utilizados) que não se enquadram em nenhum esquema plausível. Em certo sentido, tentar classificar as pessoas num pequeno número de raças é como tentar classificar livros numa biblioteca: pode-se usar uma única propriedade – o tamanho, digamos –, mas o que se obterá é uma classificação inútil; ou pode-se usar um sistema mais complexo de critérios interligados, e então se obterá uma boa dose de arbitrariedade (Appiah, 1997, p. 66).

Uma pessoa "racializada" é aquela cuja cor de pele se torna um obstáculo para acessar certas oportunidades e que enfrenta preconceito e discriminação. Esse processo de racialização é particularmente importante para entender o Brasil, último país das Américas a abolir a escravidão. Os mais de trezentos anos de escravização de pessoas negras deixaram marcas profundas na sociedade brasileira, marcas que ainda determinam possibilidades ou impossibilidades para pessoas pretas e pardas.

Outro conceito importante, complementar ao de racialização, é o conceito de "racismo estrutural": a naturalização do racismo, que provoca uma segregação não oficial. Percebemos o racismo estrutural, por exemplo, quando notamos que pessoas de pele escura predominam em ocupações de baixa remuneração, enquanto a mesma população é escassa em ambientes acadêmicos ou em círculos de pessoas com renda elevada.

O jurista e professor Silvio Almeida (2020) foi um dos autores que trouxe luz sobre o conceito de racismo estrutural no Brasil. Tratando desse tipo de segregação, Almeida enumera algumas explicações, corriqueiras entre nós, para a desigualdade entre negros e brancos:

1. Pessoas negras são menos aptas para a vida acadêmica ou para profissões mais qualificadas.

2. Pessoas negras, como qualquer pessoa, são afetadas por suas escolhas individuais, e a condição racial não está relacionada à condição socioeconômica.

3. Historicamente, pessoas negras têm menos acesso à educação, têm ocupações de menor qualificação e, por isso, são mal remuneradas.

4. Pessoas negras estão submetidas à supremacia política branca e, portanto, têm dificuldades de ocupar espaços decisórios e de privilégio.

Essas explicações são comentadas por Silvio Almeida: as duas primeiras, segundo o autor, são inequivocamente racistas, seja de forma direta, como é o caso da primeira, ou veladamente, como é o caso da segunda. Ambas culpam a população negra pela posição que majoritariamente ocupa na sociedade. Já a terceira e a quarta são afirmações questionáveis, que o autor chama de "meias verdades", uma vez que não explicam as razões pelas quais a população negra tem menor acesso à escolaridade, tampouco elucidam a supremacia política branca e seus espaços de poder. Tais explicações, portanto, não fornecem uma justificativa inteligível para a discriminação e a violência racial.

VOCÊ SABIA?

Em 2012, o Supremo Tribunal Federal, por unanimidade, reconheceu a constitucionalidade das cotas étnico-raciais nas universidades brasileiras. Na prática, essa decisão reconheceu os efeitos deletérios do racismo estrutural e a legitimidade de ações de reparação para a população negra.

Almeida alerta ainda para o fato de que não se trata apenas de "desconhecimento". Assim, não bastaria informar que não há raças e, portanto, o preconceito não tem fundamentação científica. A dissolução desse equívoco não acabaria com o preconceito e a discriminação. O autor chama a atenção para algo mais profundo e grave: o racismo estrutural, que pela cor da pele determina o lugar que uma pessoa pode ou não ocupar. Esse racismo estrutural não se manifesta apenas institucionalmente, mas também constrói uma política de subjetividades: "o racismo, enquanto processo político e histórico, é também um processo de subjetividades, de indivíduos cuja consciência e afetos estão de algum modo conectados com as práticas sociais" (Almeida, 2020, p. 63).

Assim, dificilmente o racismo estrutural será objeto de preocupação para uma pessoa branca, e é ainda menos provável que alguém coloque em questão a sua "branquitude" como lugar de privilégio e promoção de segregação. Até porque esse privilégio e segregação costumam ser naturalizados por um imaginário alimentado pela indústria cultural por meio de produtos como telenovelas, filmes e até programas de auditório.

Em *Por um feminismo afro-latino-americano*, Lélia Gonzalez menciona uma entrevista de rádio dada por Abelardo Barbosa, o Chacrinha, por ocasião de um 21 de março, Dia Internacional Contra a Discriminação Racial. O apresentador de programas de auditório, também conhecido como Velho Guerreiro, teria afirmado em sua entrevista, de forma contundente, a existência de discriminação racial no Brasil. O exemplo dado por Chacrinha eram as restrições impostas à aparição de pessoas negras nos programas que ele apresentava:

> [Chacrinha] afirmou a existência concreta da discriminação no Brasil, especificamente no campo de suas atividades profissionais. E declarou que [...] programas de auditório como o seu sofriam uma série de restrições: proibia-se que as câmeras focalizassem diretamente o auditório, para que os negros não fossem mostrados. Eram proibidos os closes dos/as negros/as componentes desse público [...]. Os negros ou negras só podiam ser focalizados de passagem ou de costas. E Chacrinha continuou denunciando o absurdo de tais restrições, uma vez que o Brasil é um país de negros; e, com suas metáforas incríveis, afirmou: "Eu sou negro, nós todos somos negros e até mesmo essas louras ou morenas que vemos por aí são negras". Foram as declarações mais vigorosas e contundentes que ouvimos naquele 21 de março.

VOCÊ SABIA?

Em 1966, a Organização das Nações Unidas (ONU) estabeleceu o 21 de março como o Dia Internacional Contra a Discriminação Racial. No Brasil, porém, a data mais reconhecida pelo movimento negro é 20 de novembro, instituída oficialmente pela Lei nº 12.519/2011 como o Dia Nacional de Zumbi e da Consciência Negra. Zumbi dos Palmares, reivindicado como figura importante de resistência, morreu em 20 de novembro de 1695.

DIVERSIDADE, INCLUSÃO E EQUIDADE

Grada Kilomba é uma escritora e multiartista nascida em Lisboa, com raízes em Angola e São Tomé e Príncipe. Em 2019, ela teve uma mostra individual na Pinacoteca de São Paulo e expôs na 32ª Bienal de São Paulo. Em 2023, na 35ª Bienal, que teve como tema "Coreografias do Impossível", atuou como curadora.

No livro *Memórias da plantação: episódios de racismo cotidiano*, Grada Kilomba (2019, p. 214) traz uma abordagem decolonial que combate as "monoculturas da mente" e afirma que "a escravidão, o colonialismo e o racismo cotidiano necessariamente contêm o trauma de um evento de vida intenso e violento". Essa escravidão, colonialismo e racismo, como aponta Kilomba (2019, p. 77), são estruturais:

> O racismo é revelado em um nível estrutural, pois pessoas *negras* e *People of Color* estão excluídas da maioria das estruturas sociais e políticas. Estruturas oficiais operam de uma maneira que privilegia manifestamente seus *sujeitos brancos*, colocando membros de outros grupos racializados em uma desvantagem visível, fora das estruturas dominantes. Isso é chamado de *racismo estrutural*.

Para construir uma sociedade mais hospitaleira, é preciso enfrentar o racismo estrutural e outros tipos de preconceito. Uma sociedade mais diversa e inclusiva, que não caia no discurso fácil da meritocracia, é uma sociedade mais rica e próspera, onde todos se responsabilizam pelo bem comum e têm as mesmas oportunidades.

Nesse sentido, vale concluir considerando a reflexão proposta pela historiadora Lilia Moritz Schwarcz (2019, p. 23):

> [...] como é possível representar o país a partir da ideia de uma suposta coesão, partilhada por todos os cidadãos, quando ainda somos campeões no quesito desigualdade social, racial e de gênero, o que é comprovado por pesquisas que mostram a existência de práticas cotidianas de discriminação contra mulheres, indígenas, negros e negras, bem como contra pessoas LGBTTQ: Lésbicas, Gays, Bissexuais, Travestis, Transexuais e Queers? (Schwarcz, 2019, p. 23).

PARA SABER MAIS

Cartaz de divulgação de evento para o fundo de libertação da professora e ativista Angela Davis, integrante do grupo Panteras Negras. Na década de 1970, Davis foi acusada de envolvimento no sequestro e assassinato de um juiz. Após intensa campanha por sua libertação, dezoito meses após o início do julgamento, ela foi absolvida.

Para Angela Davis, não basta não ser racista, é preciso ser antirracista. E esse é o mote do livro *Pequeno manual antirracista*, de Djamila Ribeiro (2019). Segundo Djamila, autoafirmar-se como "não racista" é insuficiente. Devemos nos questionar sobre o que estamos verdadeiramente fazendo para combater o racismo. O *Pequeno manual antirracista* nos ajuda nessa tarefa.

SUGESTÃO

A diversidade amplia nossa visão de mundo e nossos referenciais, o que é fundamental para combater preconceitos. Em *Viva (e entenda) a diferença*, o professor e jornalista Marcos Brogna (2020) percorre temas como educação, gênero, relações étnico-raciais, sustentabilidade, acessibilidade e direitos humanos para mostrar que a diferença soma. Além de discutir temas essenciais, o autor fez uma série de entrevistas, dando voz a entrevistados cujos relatos são transcritos no livro e podem ser ouvidos a partir de QR codes.

ARREMATANDO AS IDEIAS

Neste capítulo, refletimos sobre o preconceito, analisando sua historicidade e ilogicidade e conhecendo os perigos das generalizações e da eleição de bodes expiatórios. Vimos também que preconceitos podem gerar ações discriminatórias, que por sua vez resultam em violência.

Além disso, compreendemos que os preconceitos dependem do contexto e, por isso, qualquer pessoa pode ser vítima de preconceito. No entanto, vimos que a discriminação recai mais fortemente sobre algumas pessoas.

Por fim, defendemos a construção de uma sociedade mais diversa, inclusiva e igualitária, atributos indispensáveis para pensar e agir segundo uma hospitalidade genuína.

REFERÊNCIAS

ALMEIDA, S. **Racismo estrutural**. São Paulo: Jandaíra, 2020.

APPIAH, K. A. **Na casa de meu pai**: a África na filosofia da cultura. Rio de Janeiro: Contraponto, 1997.

BAUMAN, Z. **Cegueira moral**: a perda da sensibilidade na modernidade líquida. Rio de Janeiro: Zahar, 2014.

BROGNA, Marcos. **Viva (e entenda) a diferença**. São Paulo: Editora Senac São Paulo, 2020.

DAVIS, A. **O sentido da liberdade**: e outros diálogos difíceis. São Paulo: Boitempo, 2022.

FANON, F. **Os condenados da terra**. Rio de Janeiro: Zahar, 2022.

GONZALEZ, L. **Por um feminismo afro-latino-americano**: ensaios, intervenções e diálogos. Rio de Janeiro: Zahar, 2020.

KARNAL, L.; FERNANDES, L. E. O. **Preconceito**: uma história. São Paulo: Companhia das Letras, 2023.

KILOMBA, G. **Memórias da plantação**: episódios de racismo. Rio de Janeiro: Cobogó, 2019.

O LIVRO da história negra. Rio de Janeiro: Globo Livros, 2021.

POULAIN, J.-P. **Sociologia da obesidade**. São Paulo: Editora Senac São Paulo, 2013.

RIBEIRO, D. **Pequeno manual antirracista**. São Paulo: Companhia das Letras, 2019.

SANDEL, M. J. **A tirania do mérito**: o que aconteceu com o bem comum? Rio de Janeiro: Civilização Brasileira, 2021.

SCHWARCZ, L. M. **Sobre o autoritarismo brasileiro**. São Paulo: Companhia das Letras, 2019.

CAPÍTULO 9

Ideias para uma hospitalidade planetária

Ancestralidade: o coletivo antes do indivíduo. "Eu sou porque nós somos."

Você já pensou no conceito de ancestralidade? Ele se refere à herança comum de um sistema de valores e crenças que, em culturas que valorizam a sabedoria dos antigos, estabelece uma ética que une todos os membros em torno de ideias como compaixão, conexão e bondade. Esse é o caso, por exemplo, de culturas ameríndias e africanas que tendem a priorizar a coletividade e a comunidade em vez de abordagens individualistas ou utilitárias.

Há uma história com diferentes versões, atribuída a diversos povos africanos, que narra a chegada de um viajante a uma comunidade onde é recebido com imensa hospitalidade. Agradecido, ele decide retribuir a acolhida propondo às crianças da aldeia uma brincadeira: uma corrida até uma árvore próxima, com um cesto de frutas como prêmio ao vencedor. Nessa corrida, para surpresa do viajante, todas as crianças correm de mãos dadas, juntas, até a árvore.

Essa atitude, que reflete a educação e os valores da comunidade, é expressa pela palavra "ubuntu". Ubuntu representa a essência da solidariedade e da coletividade, desafiando o primado do eu:

> Na África do Sul, *Ubuntu* é a nossa maneira de compreender o mundo. A palavra significa literalmente "humanidade". É a filosofia e a crença de que uma pessoa só é uma pessoa através das demais. Em outras palavras, somos humanos apenas em relação aos outros seres humanos. Nossa humanidade é tecida por nossa interconexão, e qualquer rasgão no tecido dessa interconexão deve ser reparado para que voltemos a ser inteiros. Essa interconexão é a raiz de quem somos (Desmond Tutu, 2014, p. 15-16).

A filosofia ubuntu, que pode ser resumida pela frase "eu sou porque nós somos", esteve profundamente ligada à luta contra o Apartheid e à atuação do arcebispo Desmond Tutu, vencedor do Prêmio Nobel da Paz em 1984. Ao lado de Nelson Mandela, Tutu liderou a resistência do povo sul-africano contra o regime de segregação racial que vigorou no país de 1948 até 1994.

Ubuntu nos ensina o poder da humanidade compartilhada, da preponderância do coletivo sobre o individualismo. Nessa perspectiva, não há uma existência delimitada (ou limitada) pela existência do outro; ao contrário, é a comunidade que nos define como indivíduos plenos, agindo com bondade e compaixão.

Essa visão compassiva das relações humanas aproxima o ubuntu da "ética da alteridade" de Emmanuel Lévinas (1906-1995), que conhecemos no capítulo 7 deste livro. Tanto a filosofia ubuntu como a ética da alteridade valorizam a sociabilidade e a convivência, propondo um modo de viver e de se relacionar mais empático e compassivo. Para pôr em prática essas concepções, não basta se colocar no lugar do outro. É necessário fazer algo em benefício do outro, amparando-o, em um ato que acaba por valorizar a todos nós.

HOSPITALIDADE PLANETÁRIA E SEUS DESAFIOS

Mural na lateral de um prédio em São Paulo, pintado pelo artista Mundano com lama tóxica da barragem rompida em Brumadinho, Minas Gerais, em 2019. A obra é uma releitura da tela *Operários*, de Tarsila do Amaral, e presta homenagem aos trabalhadores vítimas do desastre. O mural de Mundano nos lembra da necessidade urgente de cuidar melhor da natureza e das pessoas.

Em 24 de maio de 2015, o papa Francisco assinou a carta encíclica *Laudato si'*, com o subtítulo "Sobre o cuidado da casa comum". Na encíclica, que pode ser lida como uma defesa da hospitalidade planetária, o sumo pontífice da Igreja Católica apresenta algumas ideias fundamentais que chamam a atenção de todos (pessoas de qualquer religião e mesmo ateus ou agnósticos) para a nossa responsabilidade com o planeta Terra.

O título do documento, *Laudato si'*, é inspirado num cântico de São Francisco de Assis, considerado o santo patrono dos animais e do meio ambiente. Isso revela, desde o início, como o objetivo da encíclica é enaltecer a natureza como uma mãe que nos nutre com os elementos que possibilitam a vida humana.

A encíclica se baseia na ideia de "ecologia integral", que considera a inter-relação de diversos elementos em uma ecologia social, econômica e ambiental. Essa abordagem sugere uma ética que orienta nossas práticas cotidianas, convidando-nos a cuidar do planeta para as futuras gerações e a assumirmos o papel de guardiões da natureza.

A carta não se furta a apontar a crise do Antropoceno, admitindo que as mudanças climáticas são consequência da ação humana, sobretudo de nosso estilo de vida consumista, despreocupado dos impactos que geramos. A partir dessa constatação, o documento considera fundamental que haja uma transição ecológica capaz de minorar e até reverter o processo de espoliação da natureza. Para isso, a encíclica propõe a passagem do consumo exacerbado e individualista para um novo modo de viver que deixe de se guiar pelo egoísmo e passe a considerar a comunidade. Nessa perspectiva, deixamos de ver a natureza como "recurso" e passamos a considerar os impactos de nossas escolhas, agindo compassivamente em relação ao meio ambiente.

A encíclica aproximou o papa Francisco de um agnóstico, o italiano Carlo Petrini, fundador do *slow food*. Juntos, os dois idealizaram um projeto: a Comunidade *Laudato Si'*, que tem o propósito de responder coletivamente à crise ecológica por meio de atos de cuidado com a Terra e com as pessoas. Sete objetivos regem as ações dessa comunidade:

1. *Resposta ao clamor da Terra*: chamado à proteção da nossa casa comum em benefício de todos, com uma abordagem equitativa para a crise climática, a perda da biodiversidade e a sustentabilidade ecológica. Entre as ações previstas neste objetivo estão: adoção de energias renováveis e medidas de suficiência energética, neutralidade de carbono, proteção da biodiversidade, promoção da agricultura sustentável e pleno acesso à água.

2. *Resposta ao clamor dos pobres*: promoção da ecojustiça e da vida, especialmente de grupos vulneráveis, como indígenas, refugiados, migrantes e crianças em risco. Este objetivo tem como foco analisar e melhorar os sistemas e serviços sociais.

3. *Economia ecológica*: reconhecimento da economia como subsistema da sociedade humana inserido em nossa casa comum. As ações relacionadas a este objetivo incluem: produção e consumo sustentáveis, investimentos com base ética, desinvestimento em combustíveis fósseis e em qualquer outra substância danosa aos ecossistemas e às comunidades, fomento à economia circular e proteção dos trabalhadores.

4. *Adoção de estilos de vida sustentáveis*: práticas de suficiência energética e sobriedade no uso dos recursos. As ações deste objetivo incluem: redução de desperdício, reciclagem, cultura alimentar mais sustentável, com ênfase no consumo de plantas e redução do consumo de carne, incentivo ao uso do transporte público e mobilidade ativa (caminhada, bicicleta).

5. *Educação ecológica*: reflexões sobre reformas curriculares que contemplem os princípios da ecologia integral, visando a conscientização ecológica e o incentivo a ações transformadoras com base na educação para todos, no incentivo às lideranças ecológicas e em atividades de restauração do meio ambiente.

6. *Espiritualidade ecológica*: contemplação do divino em todas as coisas. As ações deste objetivo incluem a promoção de uma "catequese ecológica", celebrações litúrgicas, retiros e programas de formação.

7. *Resiliência e empoderamento da comunidade*: envolvimento coletivo em ações que defendam direitos e desenvolvam campanhas populares, promovendo o sentimento de pertença às comunidades e ao ecossistema.

A ideia poderosa de uma comunidade que acolhe tanto o próximo quanto a natureza é uma demonstração inequívoca de que cultivamos um verdadeiro espírito de hospitalidade. No entanto, colocar em prática esse espírito também nos desafia a enfrentar posturas discriminatórias, pois, quando oferecemos ajuda a quem precisa, nossas diferenças se dissipam e o espírito de acolhimento genuíno prevalece. Isso incomoda a algumas pessoas, e nem mesmo o papa está isento de questionamentos, como ele mesmo relata em diálogo com Carlo Petrini (2021, p. 58-59):

> Muito frequentemente as pessoas que me são mais próximas me avisam que ouvem por aí comentários maldosos sobre mim: que não sou mais o mesmo, que estou perdendo o rumo porque recebi ciganos no Vaticano e falei do acolhimento aos migrantes... [...] Sempre tem um mais pobre e mais marginalizado para atacar, a quem declarar guerra. Mas esse fechamento, a que leva, o que se pode esperar? Vivemos numa Europa que não faz mais filhos, que se fecha violentamente para a imigração e se esquece da sua história feita de imigrações que duraram séculos. Esquece-se de que os seus filhos foram acolhidos na América, na América Latina e na Austrália e ao longo dos anos souberam se fazer o que são hoje.

O reconhecimento, por parte do líder supremo da Igreja Católica, da necessidade de acolher aqueles que vêm de fora, lembrando o passado imigratório que moldou a história de inúmeras famílias europeias, é um passo significativo para promover a integração entre os diferentes mundos que coexistem em nossa casa comum. Essa forma de hospitalidade é parte do cuidado que urgentemente precisamos ter para com a Terra.

Tal cuidado, hoje reconhecido como essencial pela Igreja Católica, já fazia parte da visão de mundo dos povos autóctones das Américas, como evidenciado pelo relato de Davi Kopenawa, xamã e destacada liderança yanomami, ao antropólogo franco-marroquino Bruce Albert:

> Na floresta, a ecologia somos nós, os humanos. Mas são também, tanto quanto nós, os *xapiri*, os animais, as árvores, os rios, os peixes, o céu, a chuva, o vento e o sol! É tudo o que veio à existência na floresta, longe dos brancos; tudo o que ainda não tem cerca. As palavras da ecologia são nossas antigas palavras, as que *Omama* deu a nossos ancestrais. Os *xapiri* defendem a floresta desde que ela existe. Sempre estiveram do lado de nossos antepassados, que por isso nunca a devastaram. Ela continua bem viva, não é? Os brancos, que antigamente ignoravam essas coisas, estão agora começando a entender. É por isso que alguns deles inventaram novas palavras para proteger a floresta. Agora dizem que são a gente da ecologia porque estão preocupados, porque sua terra está ficando cada vez mais quente (Kopenawa; Albert, 2015, p. 480).

Um dos pensadores mais influentes do Brasil atual, Ailton Krenak, que em 2024 se tornou o primeiro indígena a integrar a Academia Brasileira de Letras, tem alertado sobre os perigos de uma visão utilitarista e consumista de vida. Ele critica a "civilização" que a tradição ocidental impõe às populações autóctones e apresenta uma visão ampliada do conceito de humanidade, que não se restringe aos seres humanos, mas inclui todos os elementos da natureza que definem e sustentam nossa existência. Assim, Krenak nos convoca a fortalecer nossa conexão com a natureza e com a ancestralidade:

> Quando pergunto se somos mesmo uma humanidade é uma oportunidade de refletirmos sobre a sua real configuração. Se ela convoca nossas redes e conexões desde a Antiguidade. Se a contribuição que aquele pessoal das cavernas deu ao inconsciente coletivo – esse oceano que nunca se esgota – se liga com os nossos terminais aqui, nessa era distante. Se, em vez de olharmos nossos ancestrais como aqueles que já estavam aqui há muito tempo, invertermos o binóculo, seremos percebidos pelo olhar deles (Krenak, 2020, p. 33).

Ailton Krenak faz uma poderosa crítica ao antropocentrismo: se o protagonismo humano realmente refletisse autoridade e sabedoria, não estaríamos testemunhando a exploração desenfreada da natureza, com todos os seus efeitos, como o aquecimento global. Ele argumenta que a técnica e o conhecimento da cultura ocidental não nos qualificam (mas sim nos desqualificam) como gestores da governança planetária. Portanto, é essencial estabelecer um novo tipo de relação com a biosfera. Ilustrando essa visão, Krenak (2020, p. 45) cita a letra da música de Caetano Veloso: "'Um índio': nos surpreenderá pelo óbvio".

Em *Capitalismo e colapso ambiental*, Luiz Marques (2015) também questiona a perspectiva antropocêntrica. Historiador, Marques destaca três "presunções" que sustentam essa perspectiva desde a Antiguidade: a presunção cosmoteológica e teleológica, que coloca os seres humanos como centro do cosmos e sua própria finalidade; a presunção biológica, que coloca os seres humanos na dianteira de toda forma de vida na Terra; e a presunção ecológica, segundo a qual caberia aos seres humanos adaptar os hábitats às suas próprias necessidades em vez de se adaptarem aos territórios e sistemas ecológicos.

A presunção antropocêntrica nos conduziu à crise climática. Em *A terra inabitável: uma história do futuro*, livro que demonstra a gravidade dessa crise, David Wallace-Wells (2019, p. 276) alerta: "Porque as soluções são óbvias e estão disponíveis, não significa que o problema não seja imenso". É urgente repensar nossas tecnologias agrícolas e a forma como nos alimentamos, bem como abandonar fontes de energia poluentes, adotando políticas públicas robustas que incentivem a energia limpa e a captura de carbono.

Em conjunto com as tecnologias das comunidades tradicionais, a pesquisa científica é fundamental nesse processo. Integrar esses dois mundos nos ajudará a buscar soluções que não comprometam o equilíbrio da biosfera. Como observa a pesquisadora indiana Vandana Shiva, é preciso diversificar as "monoculturas da mente":

> Os sistemas agrícolas tradicionais [hoje contra-hegemônicos] baseiam-se em sistemas de rotação de culturas de cereais, legumes, sementes oleaginosas com diversas variedades em cada safra, enquanto o pacote da Revolução Verde baseia-se em monoculturas geneticamente uniformes. Nunca é feita uma avaliação realista da produtividade das diversas safras produzidas pelos sistemas mistos e de rotação de culturas. Em geral, o rendimento de uma única planta, como o trigo ou o milho, é destacado

e comparado à produtividade de novas variedades. Mesmo que a produtividade de todas as safras fosse incluída, é difícil converter a medida da produção de legumes numa medida equivalente de trigo, por exemplo, porque, tanto na alimentação quanto no ecossistema, têm funções distintas (Shiva, 2003, p. 59).

Vandana Shiva defende que a importância da rotação de culturas não pode ser mensurada apenas pela lógica da produção agrícola convencional, promovida pela Revolução Verde e caracterizada por monoculturas. Contribuições ecológicas invisíveis, como a fixação de nitrogênio, são ignoradas por tal lógica. Em contraste, os conhecimentos tradicionais dos sistemas agrícolas complexos e diversificados, desenvolvidos de forma ancestral, demonstram uma integração mais harmoniosa com o meio natural, promovendo o equilíbrio da vida na Terra. Portanto, é fundamental conciliar os sistemas produtivos com os sistemas ecológicos do planeta. Já dispomos de tecnologias sustentáveis suficientemente produtivas. Apostar nessas tecnologias é defender a soberania alimentar dos povos e promover a saúde dos corpos e do planeta.

PARA SABER MAIS

Para saber mais sobre cosmovisões indígenas e afrodescendentes no Brasil, sugerimos a obra *Terra: antologia afro-indígena* (Carnevalli *et al.*, 2023). O livro reúne 25 ensaios escritos por autores de povos originários, quilombolas, ribeirinhos e periféricos.

FILOSOFIAS DO BEM-VIVER

Integrantes de povos indígenas do Equador tocando instrumentos musicais. O Equador, que possui uma população etnicamente diversa, foi o primeiro país do mundo a incorporar os direitos da natureza e do bem-viver à Constituição Federal.

"Dizem que em algum lugar, parece que no Brasil, existe um homem feliz". Essa famosa frase, do poeta russo Vladímir Maiakóvski (1893-1930), pode soar ambígua. Por um lado, a referência de um russo do início do século XX ao Brasil, país muito distante de sua realidade, sugere que a felicidade é algo remoto ou até inalcançável. No entanto, a menção a nosso país também sugere o potencial imenso que temos para transformar nossa realidade e superar nossas dificuldades, criando um território de felicidade e bem-estar social.

Para o historiador Peter Stearns (2022, p. 10), a felicidade

> pode ser um objetivo humano constante (embora isso seja discutível), mas é certo que ela evolui. A forma como ela é definida, as expectativas e os julgamentos que provoca e – provavelmente – até que ponto as pessoas são de fato felizes são aspectos que podem mudar muito, a depender de uma combinação de ideias e condições materiais.

E se pensássemos a felicidade como um bem-viver, o que isso significaria? Entre povos indígenas, o "bem-viver" diz respeito à autodeterminação dos povos, a viver segundo aquilo que se é e fazer um esforço para que a comunidade, a aldeia, o povo sejam coletivamente beneficiados.

Nesse sentido, saímos de uma lógica do individualismo e passamos a entender que, sem considerar o outro, ninguém pode gozar verdadeiramente do bem-estar. Dito de outro modo, somente o coletivo pode garantir as condições materiais, espirituais, ecológicas e culturais de conforto da comunidade. O benefício individual não garante o bem-viver da coletividade.

Esse pensamento se tornou especialmente importante para os países latino-americanos que incorporaram a filosofia do bem-viver em suas constituições. Em 2008, o Equador reconheceu o direito de suas populações a viver em um território ecologicamente saudável e a usufruir do bem-viver. Em 2009, a Bolívia seguiu o exemplo equatoriano com a Constituição Plurinacional, que também adotou o bem-viver como direito.

A filosofia do bem-viver deriva da expressão *sumak kawsay*, de origem quíchua. O jornalista Tadeu Breda, tradutor de *O bem viver: uma oportunidade para imaginar outros mundos*, livro de autoria de Alberto Acosta, explica a origem do termo:

> De acordo com o *Shimiyukkamu Dicionario Kichwa-Español*, publicado pela Casa de Cultura de Ecuador em 2007, *sumak* se traduz como *hermoso, bello, bonito, precioso, primoroso, excelente*; *kawsay*, como vida. Ou seja, *buen* e *sumak* são originalmente adjetivos, assim como "bom" – seu melhor sinônimo em português, no caso. *Vivir* e *sumak*, por sua vez, são sujeitos (Breda, 2016).

O bem-viver pode ter origem indígena, mas diz respeito a todos os povos. Essa filosofia exalta uma vida bela e encantadora, capaz de assegurar tudo o que é imprescindível sem desrespeitar limites ecológicos. Assim, o bem-viver representa uma utopia que desafia paradigmas ocidentais, valorizando epistemologias do Sul global que buscam o bem-estar de todos.

À primeira vista, o bem-viver pode parecer irrealizável. No entanto, estamos falando de uma utopia que transborda em práxis, isto é, em ações concretas, factíveis, que podem fomentar o desenvolvimento a partir de novas bases, como economia solidária e Estados plurinacionais. O objetivo é dar voz a todas as populações envolvidas – naquilo que Boaventura de Sousa Santos e José Manuel Mendes (2018) chamam de "demodiversidade" – e assegurar os direitos da natureza, questionando a primazia dos seres humanos, que se veem fora da natureza e a consideram apenas um recurso.

Alberto Acosta, autor do já mencionado *O bem viver: uma oportunidade para imaginar outros mundos*, teve importante participação na Assembleia Constituinte do Equador que reconheceu os direitos da natureza. Em seu livro, Acosta ressalta a importância e atualidade das epistemologias e tecnologias do Sul:

> O Bem Viver é, essencialmente, um processo proveniente da matriz comunitária de povos que vivem em harmonia com a Natureza.

> Os indígenas não são pré-modernos nem atrasados. Seus valores, experiências e práticas sintetizam uma civilização viva, que demonstrou capacidade para enfrentar a Modernidade colonial. Com suas propostas, imaginam um futuro distinto que já alimenta os debates globais. O Bem Viver faz um primeiro esforço para compilar os principais conceitos, algumas experiências e, sobretudo, determinadas práticas existentes nos Andes e na Amazônia, assim como em outros lugares do planeta (Acosta, 2016, p. 24).

A filosofia do bem-viver defendida por Acosta está alinhada com os outros exemplos aqui apresentados: a filosofia africana Ubuntu, as tradições dos povos originários do Brasil e a encíclica *Laudato si'*. Fundamentalmente, o bem-viver pode ser lido como um processo de humanização das relações, contrapondo-se, portanto, à desumanização.

O processo de desumanização é assim caracterizado por Isabel Wilkerson, primeira mulher afro-americana a ganhar o Pulitzer de jornalismo:

> A desumanização é um componente indispensável na fabricação de um grupo externo contra o qual se lança um grupo interno, e constitui uma tarefa monumental. É uma guerra contra a verdade, contra o que os olhos veem e o coração sentiria se pudesse sentir por si só.

> [...]

> Desumanize-se o grupo e estará feito o trabalho de desumanizar todos os indivíduos dentro dele. Desumanize-se o grupo e ele estará isolado das massas a que se pretende conferir superioridade, e todos estarão programados, mesmo alguns dos alvos da desumanização, a não mais crer no que seus olhos veem, a não mais confiar em seus próprios pensamentos (Wilkerson, 2021, p. 150).

A desumanização é uma ameaça à vida democrática, participativa e inclusiva, opondo-se a tudo o que propõem as filosofias do bem-viver que conhecemos ao longo deste capítulo. Essas filosofias, que podem ser entendidas como um gesto de hospitalidade para com os povos, afirmam e valorizam diferentes culturas e propõem um novo tipo de desenvolvimento, mais sustentável e mais rico do ponto de vista da diversidade e das potencialidades humanas.

SUGESTÃO

Para entender melhor a pertinência e a atualidade de filosofias contra-hegemônicas, hospitaleiras e do bem-viver, sugerimos a leitura do livro *Em busca da comunidade: caminhos do pensamento crítico do Sul global*, de Fabricio Pereira da Silva (2024).

ARREMATANDO AS IDEIAS

Neste capítulo, tratamos de ideias promissoras para o campo da hospitalidade: a filosofia ubuntu, a encíclica *Laudato si'*, a crítica indígena ao antropocentrismo e o bem-viver. Como vimos, essas ideias, vindas de culturas diferentes, podem nos ajudar a responder aos desafios contemporâneos por meio de um ideal de hospitalidade planetária, que acolha a Terra e os seres humanos.

Ao longo de todo o livro, e este capítulo não foi diferente, conhecemos perspectivas provenientes de várias culturas. Assim, para arrematar as ideias, vale pensar um pouco sobre o título desta obra: *Hospitalidade e interculturalidade*.

Muito se tem escrito sobre a necessidade de "tolerância", no sentido de se ter empatia. Contudo, frequentemente, quem tolera ou se posiciona com indulgência acaba assumindo uma postura de superioridade. Um erro semelhante ocorre quando defendemos o "multiculturalismo", que se refere à coexistência de culturas distintas em um território específico. Por isso, o que buscamos aqui é a *interculturalidade*, que vai além da simples empatia, exigindo uma ação compassiva e envolvida em prol daqueles que recebemos em nosso meio porque realmente nos importamos.

A interculturalidade valoriza a possibilidade de troca, reconhecendo que qualquer pessoa, independentemente de sua origem ou cultura, tem algo a oferecer. Esta abordagem propõe uma aprendizagem mútua, que caracteriza uma verdadeira abertura intercultural e hospitaleira, com o objetivo de promover a fraternidade universal.

REFERÊNCIAS

ACOSTA, A. **O bem viver**: uma oportunidade para imaginar outros mundos. São Paulo: Elefante, 2016.

ALBERT, B.; KOPENAWA, D. **O espírito da floresta**. São Paulo: Companhia das Letras, 2023.

BOFF, L. **Habitar a terra**: qual o caminho para a fraternidade universal? Petrópolis: Vozes, 2022.

BOFF, L. **Saber cuidar**: ética do humano: compaixão pela terra. Petrópolis: Vozes, 2011.

BOFF, L. **Virtudes para um outro mundo possível, vol. I**: hospitalidade: direito e dever de todos. Petrópolis: Vozes, 2005.

BREDA, T. Do tradutor. *In*: ACOSTA, A. **O bem viver**: uma oportunidade para imaginar outros mundos. São Paulo: Elefante, 2016.

CARNEVALLI, Felipe *et al.* (org.). **Terra**: antologia afro-indígena. São Paulo: Ubu; Belo Horizonte: PISEAGRAMA, 2023.

GUIDARA, W. **Hospitalidade irracional**: o extraordinário poder de dar às pessoas mais do que elas esperam. Rio de Janeiro: Alta Books, 2023.

KOPENAWA, D.; ALBERT, B. **A queda do céu**: palavras de um xamã yanomami. São Paulo: Companhia das Letras, 2015.

KRENAK, A. **A vida não é útil**. São Paulo: Companhia das Letras, 2020.

MARQUES, L. **Capitalismo e colapso ambiental**. Campinas: Editora da Unicamp, 2015.

MAYAKOVSKY, V. Vladimir Mayakovsky. **Chicago Review**, Chicago, v. 20/21, n. 5, p. 5-21, maio 1969.

NGOMANE, M. **Ubuntu todos os dias**: eu sou porque nós somos. Rio de Janeiro: BestSeller, 2024.

PETRINI, C. **Terrafutura**: diálogos com o Papa Francisco sobre ecologia integral. São Paulo: Editora Senac São Paulo, 2021.

SANTOS, B. S.; MENDES, J. M. **Demodiversidade**: imaginar novas possibilidades democráticas. Belo Horizonte: Autêntica, 2018. (Epistemologias do Sul; v. 1).

SHIVA, V. **Monoculturas da mente**: perspectivas da biodiversidade e da biotecnologia. São Paulo: Gaia, 2003.

SILVA, F. P. **Em busca da comunidade**: caminhos do pensamento crítico do Sul global. São Paulo: Editora Elefante, 2024.

STEARNS, P. N. **História da felicidade**. São Paulo: Contexto, 2022.

TUTU, D. **O livro do perdão**: para curarmos a nós mesmos e o nosso mundo. Rio de Janeiro: Valentina, 2014.

VATICANO. Dicastério para o Serviço do Desenvolvimento Humano Integral. Os objetivos Laudato Si'. **Plataforma de Ação Laudato Si**, [*s. l.*], 2024. Disponível em: https://plataformadeacaolaudatosi.org/objetivos-laudato-si/. Acesso em: 31 jul. 2024.

WALLACE-WELLS, D. **A terra inabitável**: uma história do futuro. São Paulo: Companhia das Letras, 2019.

WILKERSON, I. **Casta**: as origens de nosso mal-estar. Rio de Janeiro: Zahar, 2021.